運動会 体育祭の 団体競技種目

テッパン＆アレンジ百科

指導計画実例付き

森田

明治図書

はじめに

　運動会・体育祭（以下，運動会）は，日本の学校教育において長年にわたり重要な位置を占めてきました。運動会は，児童生徒たちが演技・種目を通して，チームワークやリーダーシップを学ぶ貴重な機会であり，地域社会との絆を深める場としても機能してきました。しかし，新型コロナウイルス感染症の流行，熱中症予防のための対策，組体操における安全性の問題，働き方改革の推進など，環境の変化は運動会の開催方法にも影響を与えています。

　本書は，これらの変化に対応し，時代に即した新しい形の運動会について提案するものです。アフターコロナの状況下での運動会のあり方，短時間開催を可能にするための工夫，さまざまな学校規模に応じた団体競技種目の選定などに焦点を当てています。

　小規模校から大規模校まで，学校規模に応じた団体競技種目選定は，本書の重要なテーマの１つです。学校規模や地域の特性に合わせた種目選定やプログラムの構成は，運動会をより充実したものにするために不可欠です。本書では，これらの異なる条件下での最適な団体競技種目選定のために，種目にかかる所要時間の視点を含め，個人リレー型，集団リレー型，一斉対戦型といった３つの類型に分け，50もの団体競技種目を紹介していきます。

　最後に，本書が運動会を開催するにあたり学校現場の先生方や関係者の方々にとって有用な情報源となり，これからの運動会が新しい時代のニーズに応える形で実施されることを願っています。変化する環境の中で，安全で楽しく，かつ教育的な意義を持つ運動会の実現に向けて，本書が一助となれば幸いです。

2024年６月

森田　哲史

CONTENTS

一斉対戦型

Chapter 1

新時代の運動会

運動会の位置付け

 日本で最初の運動会

　歴史を遡ると，1874年（明治7年）3月21日に海軍兵学寮で開催された「競闘遊戯」が，日本で最初に開催された運動会とされています。イギリスの「アスレチック・スポーツ」を参考に実施され，主な種目は，短中距離走，走り高跳び，三段跳び，走り幅跳びといった陸上競技種目でした。他に二人三脚，背負競走（人を背負って走る），肩車競走（人を肩車して走る），水桶競走（水を入れた桶を頭の上にのせて走る），豚追い競争など遊技的な種目もありました。その後，札幌農学校，東京大学，体操伝習所，師範学校，中学校，そして小学校へと「運動会」として日本全国に普及していきました。現在までに，運動会のねらいや開催方法などは変化していますが，引き継がれている種目や考え方があります。

 学習指導要領による運動会の位置付け

　1947年，文部省から出された学習指導要領一般編（試案）において，小学校第4学年以上で自由研究の時間が新設されましたが，運動会の記述はありませんでした。運動会は教育課程外の時間で行うものとされ，児童生徒が主体となり，地域の人々の力を借りて学校独自の運動会を実施していたようです。

　法的拘束力をもつようになった1958年の学習指導要領から，それまで各教科以外の教育活動や特別教育活動の中にあった学校行事が独立しました。「教育の目標を達成するために，学校が計画し実施する教育活動とし，児童

（生徒）の心身の健全な発達を図り，あわせて学校生活の充実と発展に資する」という学校行事等の目標が示されました。同時に，集団行動で児童生徒の規律的な態度を育てることも求められるようになりました。

　それ以降の改訂で，運動会を含む体育的行事（現在は，健康安全・体育的行事）の目標が示されるようになりました。そして，改訂が進むにつれて新たな目標や内容が追加されてきました。また，集団行動や道徳などと関連付けた指導が期待されてきました。

　現行の2017年・2018年改訂の学習指導要領でも，解説特別活動編の中で運動会は健康安全・体育的行事の一例として示されています。

 3　運動会のねらい

　現行の小学校学習指導要領，中学校学習指導要領には健康安全・体育的行事のねらいとして「心身の健全な発達や健康の保持増進，事件や事故，災害等から身を守る安全な行動や規律ある集団行動の体得，運動に親しむ態度の育成，責任感や連帯感の涵養，体力の向上などに資するようにすること」と示されています。

　解説特別活動編で挙げられている健康安全・体育的行事において育成する資質・能力の中で，運動会に関連するものは以下のものがあります。

　　○体育的な集団活動の意義を理解し，規律ある集団行動の仕方などを身に付けるようにする。

　　○運動することのよさについて考え，集団で協力して取り組むことができるようにする。

　　○運動に親しみ，体力の向上に積極的に取り組もうとする態度を養う。

　これらのねらいの達成や資質・能力の育成を目指して，運動会の開催方法を考え，演技・種目の選定をしていく必要があります。そのためには，各学年だけでなく学校全体で開催について検討する必要があるでしょう。

（森田　哲史）

2 運動会の開催時期と開催方法

1 運動会を巡る環境の変化

　運動会を巡る環境の変化には，主に4つの要因があります。

　第一に，熱中症対策が挙げられます。気象庁の報道発表資料によりますと，2023年（令和5年）の夏（6～8月）の日本の平均気温は，1898年以降で最も高かったとされています。全国的に気温が高く，学校現場では熱中症のリスクが増大しており，運動会の開催にも影響を及ぼしています。

　第二に，安全対策の変化があります。巨大ピラミッドやタワーの事故が相次ぎ，2014年以降組み体操が社会問題となりました。それ以降，運動会の演技・種目において安全対策を講じることが改めて確認されました。

　第三に，感染症対策の変化があります。2019年12月以降，世界的な流行を見せた新型コロナウイルス感染症の影響を受けました。当時，密集して長い時間活動する運動会は中止や延期などの措置をしたり，運動会を開催する際にも感染症対策を講じた種目選定をしたりするなどの変化がありました。

　第四に，教員の働き方改革による変化です。新型コロナウイルス感染症の流行と同時期に，教員の働き方改革が注目されました。2019年の中央教育審議会答申では，学校の働き方改革の方針が示され，学校行事の精選や内容の見直し，準備の簡素化などが進められてきました。

2 運動会の開催時期

　前述のような環境の変化に伴い，運動会の開催時期も変化してきました。最近では，埼玉県内でも10月以降に運動会を開催する学校があります。特に

熱中症の懸念が開催時期の変更の一因となっています。9月に運動会を開催する学校の中には，運動会当日の熱中症予防のために，近隣の小中学校や地域からテントを借り，運動場に張り巡らすように設置する対応をすることもあるようです。また，当日を迎えるまでの運動会練習も高温の中で行われるため，熱中症のリスクが増加します。このような児童生徒の安全面や，対策の準備・片付けの負担軽減を考え，10月以降に運動会を開催する学校が増えているようです。

運動会の開催方法

　運動会の開催方法も変化してきました。熱中症対策，感染症対策，働き方改革により，練習時間や準備などに多くの時間を要してきた従来の運動会は短時間で開催する方向に変化してきました。特に，会食時に感染リスクが高いとされた新型コロナウイルス感染症の影響を強く受け，昼食を取らない午前中開催の学校が多くなりました。新型コロナウイルス感染症が5類に移行した現在（2024年）においても，そのまま午前中のみの短時間開催を継続している学校が多いようです。

　また，安全対策，感染症対策の観点から，高さがあり密集する騎馬戦や棒倒しなどの種目は敬遠されてきたようです。こちらは新型コロナウイルス感染症が5類に移行したことをきっかけに，安全対策を講じることで再び取り組む学校も出てきています。

　これらの環境の変化により，運動会の開催時期と開催方法が変化してきています。特に，短時間開催は今後も継続していくことが予想されます。しかし，ここで重要なのは全日開催と短時間開催のどちらがよいかということではありません。このような状況下で，各学校の実態に応じて運動会のねらいを達成し，児童生徒の資質・能力を育成するために，適切な種目選定とプログラム構築をすることが重要です。

（森田　哲史）

学校規模に応じた運動会開催の留意点

1 ▶ 学校規模の差

　2021年に文部科学省が行った「令和３年度　学校規模の適正化及び少子化に対応した学校教育の充実策に関する実態調査」によると，学校規模の差が大きいことが分かります（下図）。学校教育法施行規則第四十一条において，「小学校の学級数は，十二学級以上十八学級以下を標準とする」と定められています。これに基づき，本書では11学級以下を小規模校，12〜18学級を適正規模校，19学級以上を大規模校と定義します。

　少子化の影響を受け，小学校，中学校ともに小規模校の割合が増加しています。地域によっては統合，休校，廃校となる学校もあります。一方で，大規模校が増えている地域もあり，学校施設の増築などの対応をしている学校もあります。このように学校規模には大きな差があると言えるでしょう。

学校規模の現状

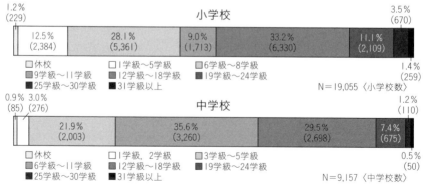

2 ▶ 小規模校，大規模校における運動会開催の課題

前項で取り上げた2021年の文部科学省の調査では，小規模校，大規模校における学習指導要領実施に当たっての課題についても調査しています。

特に，運動会に関係する主な課題として以下のようなものがあります。

【小規模校の主な課題】
・合唱，合奏，グループ学習，体育的，文化的行事など，集団活動における制約
・人間関係の固定化によるコミュニケーション体験の不足，競争心や向上心の育成が困難

【大規模校の主な課題】
・個に応じた細やかな指導が困難
・学校行事での一人一人が活躍できる場を提供することが困難

小規模校によっては，これらの課題を解決するために，運動会を近隣小学校や中学校と合同開催している学校もあるようです。

3 ▶ 団体競技種目選定の留意点

運動会を開催する点はどの学校でも共通していますが，学校規模の差によって，開催方法は異なります。大規模校の主な課題にあるように，人数が多い学校では児童生徒一人一人が運動会で活躍できる場を提供することができるか，つまり演技や競技にどれだけ参加することができるかを考えていく必要があります。そこで問題となってくるのが演技や競技にかかる所要時間です。限られた時間の中で，全員が参加できることを保障するためには，各学校の実態に合わせた団体競技種目の選定が必要となってくるのです。

（森田　哲史）

4 団体競技種目の３つの類型

1 参加人数，所要時間を考慮した団体競技種目の類型

前ページまでに述べてきたように，短時間での運動会開催をしている学校が増えてきています。限られた時間内で運動会のプログラムを決定する際，各演技・種目の所要時間は重要な要素です。児童生徒数の多い少ない，校庭の広い狭いなど学校規模に関わらず，運動会の開催時間はほとんど変わらないでしょう。そこで本書では，団体競技種目に取り組む参加人数と全体の所要時間を考慮した３つの類型を紹介します。各団体競技種目の詳細は，第２章に記載されていますので，各学校の実態に合わせたものを選定してください。

2 個人リレー型

陸上競技系領域で学習するいわゆるリレーです。各チーム，１人ずつ走り，バトンを受渡しながら競い合います。１回のレースで何チームが走るのかにもよりますが，１人ずつ走るため所要時間は他の類型に比べ長くなります。よって，参加できるのは１人１レースが限度となるでしょう。

バリエーションとして，走る距離が異なるリレー，ハードル走リレー，網をくぐるなどの障害物リレー，物を運ぶリレーなど偶然性が高まるリレーが考えられます。

勝敗を分ける主なポイントは，走順やバトンの受渡しにあります。チームの特徴に合った走順を考え，誰から誰にどこでバトンの受渡しをするのかを思考・判断することが，勝利につながります。体育授業との関連を図りやす

い種目が多くあり，学年間での系統性を考慮した選択が可能です。上級生の
リレーを見ることは，下級生にとって憧れの手本となります。来年は，あの
ようなリレーをするのだなという意欲をもたせることもできるでしょう。

3 集団リレー型

　代表的な種目として，台風の目，二人三脚，大玉リレーなどがあります。
各チームから数名が参加し，バトンの代わりに竹棒や大玉などを受渡しなが
ら競い合います。数名が同時に走るので，個人リレー系に比べ所要時間は短
くなります。よって，１回のレースで何チームが走るのかにもよりますが，
１人が２レースほど参加することも可能です。
　勝敗を分ける主なポイントは，一緒に参加する集団のチームワークです。
竹棒や大玉など物を運ぶ種目が多いので，集団の気持ちを合わせて走る必要
があります。運ぶ物によっては，誰がどこを持つのかなどを思考・判断する
ことが，勝利につながります。

4 一斉対戦型

　代表的な種目として，玉入れ，綱引き，棒引き，騎馬戦，長縄などありま
す。学級の全員が参加しますので，他の類型に比べて所要時間は短くなりま
す。また，１回戦30秒ほどといったように時間制限をかけることもできます
ので，所要時間を計算しやすいメリットもあります。よって，学級数にもよ
りますが，２，３回戦実施が可能で，１人が何度も参加することができるで
しょう。
　勝敗を分ける主なポイントは，学級全体のチームワークです。棒引きや騎
馬戦では学級で作戦を思考・判断することが，勝利につながります。

（森田　哲史）

5 体育授業としての運動会練習

1 運動会と各教科・領域等との関連

2017年告示の小学校学習指導要領では，特別活動と各教科，道徳科，外国語活動及び総合的な学習の時間などとの関連を図ることが示されています。さらに解説特別活動編では，学校行事と各教科等の深い関わりがあるとして，学校行事は日常の学習や経験を総合的に発揮し，発展を図る教育活動であること，各教科等では容易に得られない体験活動であることが示されています。このように，学校行事は教科横断的な学びとして位置付けられています。

2 体育授業における集団行動の指導との関連

運動会は，全校の児童生徒が参加します。全校又は学年が集団で行動したり，競技に参加したりするところに特徴があります。解説特別活動編の中でも「全校又は学年という大きな集団が一つのまとまりとして組織的に行動するところに教育的価値があり，その計画や指導に当たっては，例えば運動会における入場行進や開閉会式での整列，演技・競技の入場や退場，遠足や集団宿泊時の集合・整列の際など，体育科における集団行動の指導との関連を十分に図る必要がある」と記されています。

p.11で述べたように，午前中開催など短時間で運動会を開催している学校の中には，時間短縮のために入場行進をなくしたり，簡易的にしたりしている学校もあるようです。演技・競技の時間以外で，さらなる時間短縮を図るためには，入退場，集合・整列などが素早く行われる必要があります。しかし，これらの行動は，一朝一夕に身に付くものではありません。運動会練習

の時期となって，あわてて集団行動の指導をしてもなかなかうまくいきません。子供たちの行動が遅いと感じ，いらいらして言葉遣いが厳しい指導となってしまうこともあるかもしれません。そうならないためにも，毎時間の体育授業で集団行動の指導をしていきましょう。体育授業の中では，集合・整列する場面が多くあります。繰り返し行うことで集団行動を身に付けると，行動が素早くなることで運動時間が増え，子供たちの運動量確保につながります。それは，子供たちの運動欲求を満たすことになります。このような集団行動することのよさを子供たちに伝えていくことも大切です。

 体育授業における学習内容との関連

　運動会を，日頃の学習成果の発表の場として考えると，子供たちが取り組む演技・種目は体育授業の学習内容と関連させる必要があります。解説特別活動編の中では実施上の留意点として，「運動会などについては，実施に至るまでの指導の過程を大切にするとともに，体育科の学習内容と関連を図るなど時間の配当にも留意することが大切である」と記されています。効果的効率的に関連を図るためには，体育科年間指導計画の中に運動会練習としての計画を組み込んでおく必要があるでしょう。限られた時数の中で，運動会練習にだけ膨大な時間を割く余裕はどこの学校にもないと思われます。雨への対応など調整ができる余裕は残しておいたほうがよいですが，あらかじめ何時間扱いと決めておくとよいでしょう。

　また，１年ごとに演技・種目を変更するのではなく，この学年ではこの演技・種目をすると決めておくことで系統的な指導をすることも可能です。

　次ページからは，運動会で扱う団体競技種目の具体的な指導計画例を紹介していきます。各学校によって実情は異なるでしょう。団体競技種目に加え，表現運動系の演技を取り入れている学校もあると思います。その際は団体競技種目は各学級の体育授業で練習し，表現運動系の演技は学年で練習するなど，学校の実態に合わせてアレンジいただければと思います。　（森田　哲史）

6 指導計画例
①個人リレー型　低学年
置き換えリレー遊び

1 学習指導要領での位置付け

　置き換えリレー遊びは，走・跳の運動遊び領域の内容となります。現行（2017年告示）の小学校学習指導要領となり，解説体育編に「バトンの受渡し」の記載が新たに加わりました。例示として，「相手の手の平にタッチをしたり，バトンの受渡しをしたりして走ること」と示されています。また，運動遊びが苦手な児童への配慮の例として「リレー遊びで，バトンを上手に渡したり受けたりすることが苦手な児童には，手で相手の背中にタッチしたり，迎えタッチにしたりするなど，タッチの仕方を変えたり，受渡しがしやすくなるように形状の異なるバトン（リング状のバトン等）を用いるなどの配慮をする」と記載があります。これらを参考に，低学年では，受け手が止まった状態で渡し手と対面して（迎えで）正確にバトンを受渡すことを目指します。

2 運動会種目としての楽しさ

　子供たちがリレー遊びに夢中になるには，レースが終わらないと勝敗が分からないような状態をつくることが重要です。「勝てるかもしれない」と思えるようにしていくには，偶然性が現れやすく，作戦が立てられる運動会種目（教材の工夫）が必要となります。

　置き換えリレー遊びでは，ものを持って走ることで偶然性が生まれやすくなります。どう持ったら走りやすく置きやすいのかを考えたり，誰がどこに置き換えるか作戦を考えたりして競走を楽しむことができる運動会種目となっています。詳細は，pp.34-35を参照してください。

3 ▶ 指導計画

時	I	2・3・4・5	
学習過程	❶集合，整列，挨拶をする。　❷健康観察をする。		運動会当日
学習過程	（オリエンテーション） ❸単元の学習内容と本時のねらいを確認する。 ❹学習の仕方や進め方に見通しをもつ。 ❺チーム編成をする。 ❻試しの置き換えリレー遊びをする。	❸準備運動 ❹動作感覚つくりの運動をする。 ○変形スタートダッシュ ・4人I組でI0m先のゴールラインまで走る。上位2名の名前を教員が呼名する。呼名された子供は，スタートの姿勢を段階的に変えて，次のダッシュをする。 ※スタートの姿勢は，①スタンディングスタート，②体育座り，③長座，④仰向けと変形させていく。 ※いろいろな形からスタートすることで低い姿勢からのスタートを身に付けることができるようにする。	運動会当日
学習過程		❺本時のねらいを確認する。 ❻置き換えリレー遊びをする。	運動会当日
学習過程	❼本時の振り返りをする。❽整理運動，挨拶をする。❾後片付けをする。		運動会当日

第1時は，手でのタッチから始め，全力で走り，抜きつ抜かれつの接戦したレースの緊張感を味わい，リレー遊びそのものを楽しめるようにしていきましょう。試しのリレー遊びを繰り返し行っていくと，手でのタッチによる不明確さからバトンを使用するよさに気付くことができます。そこから，運動会に向けた単元の学習内容につなげましょう。

第2時からは，受渡しがしやすいリング状のバトンを使用します。バトンを落とすことは，勝敗に関わりますから「バトンはチームみんなの気持ちがつまった宝物だから，手だけじゃなく，目でしっかり見て，心も込めてしっかり受渡そう！」と声掛けをします。単元を通してのキーワードを「手はちょうちょ」「手・目・心」として取り組んでいきましょう。

（森田　哲史）

6 指導計画例
②個人リレー型　中学年

小トラックリレー

1 学習指導要領での位置付け

　小トラックリレーは，走・跳の運動領域の内容となります。小学校学習指導要領解説体育編の「コーナーの内側に体を軽く傾けて走ること」や「走りながら，タイミングよくバトンの受渡しをすること」を学ぶのに適した教材と言えます。

　小トラックリレーとは，半径1.5m程度のコーナーを使った小さいトラックを使うリレーのことを指します。トラックを小さくすることで，コーナーの角度が急になり，体をコーナーの内側に軽く傾けながら走ることで上手に走ることができたと体感しやすくなる教材と言えます。また，直線の距離は大きなトラックと同じ20〜30m程度を確保します。そうすることで，急なコーナーにより，減速された状態で走ってくる前走者からバトンを受け取る状況が生まれます。走りながら，タイミングよくバトンを受け取ることを初めて学ぶ中学年の子供たちにとって，学びやすい状況が生まれるといった特性を持った教材と言えます。

2 運動会種目としての楽しさ

　小トラックリレーの運動会種目としての楽しさは，抜きつ抜かれつ進む様子が，見ている人も味わえることです。特に，小トラックならではのコーナーでの技術や，直線での走り方の工夫などにより，走力に差があっても簡単に抜かすことができないことも楽しさの１つと言えます。詳細は，pp.36-37を参照してください。

◀3 指導計画

時	I	2・3・4・5	
学習過程	❶集合，整列，挨拶をする。　❷健康観察をする。		運動会当日
	（オリエンテーション） ❸単元の学習内容と本時のねらいを確認する。 ❹学習の仕方や進め方に見通しをもつ。 ❺チーム編成をする。 ❻試しの小トラックリレーをする。	❸準備運動 ❹動作感覚つくりの運動をする。 ○小トラックを走る。 ・小トラックの曲がり始める位置から I 列に並び，前の人が走り終えたら，次の人が走り始めるような規則とし，次々に走ることができるようにする。コーナーの終わりに教員が立ち，コーナーを走るときの子供の体の傾け方などを即時にフィードバックすることで，体の使い方を身に付けられるようにする。	
		❺本時のねらいを確認する。 ❻小トラックリレーをする。	
	❼本時の振り返りをする。　❽整理運動，挨拶をする。　❾後片付けをする。		

　第1時は，小トラックならではの，コーナーの急な角度を走ることの難しさを感じられるようにしましょう。何度かコーナーを走ることを試した後には，早速チームを組んで，小トラックリレーの競走をします。競走

をすることで，運動の特性を理解したり，勝敗による悔しさを感じたりすることが，単元を通しての学びにつながります。

　第2時からは，競争による勝敗の大切さや，小トラックリレーを上手に走るための知識を与える時間を確保します。子供たちはポイントとなる体の傾きなどを自分で見ることはできません。教員が大げさに「前より体を傾けて上手に走れているよ！」とか，コーナーの終わりに立ち，「内側を上手に走れているね」と技能の高まりを積極的に伝えていきましょう。

（首藤　祐太朗）

6 指導計画例 ③個人リレー型　高学年

トラックリレー

 1　学習指導要領での位置付け

　トラックリレーは，陸上運動領域の内容となります。小学校学習指導要領解説体育編の「体を軽く前傾させて全力で走ること」や「テークオーバーゾーン内で，減速の少ないバトンの受渡しをすること」を学ぶのに適した教材と言えます。

　高学年のリレーでは，低学年・中学年の学習を踏まえ，その運動の持っている運動技術の初歩的，基本的な技能も身に付け，中学校の陸上競技の学習につなげていくことが求められています。その中で，ただ運動を行って「勝った，負けた」で終わるのではなく，子供たちが自己やチームの課題を見付け，その解決のための活動を工夫し，記録を伸ばしたり，競走に勝ったりすることができるようにしましょう。そうすることで高学年のリレーにおける楽しさや喜びを子供たちに味わってもらえるようにすることが教員の大きな役割となります。

 2　運動会種目としての楽しさ

　リレーにおいて，楽しさや喜びを味わうために，欠かせないことがあります。それは，子供たちが真剣にリレーに取り組むことです。真剣に取り組まないと自己やチームの記録の向上や，他のチームに勝ちたいという気持ちが薄れてしまいます。子供たちが真剣にリレーに取り組めるように教員は指導の工夫を行いましょう。詳細は，pp.38-39を参照してください。

時	Ｉ	2・3・4・5	
	❶集合，整列，挨拶をする。　❷健康観察をする。		
学習過程	（オリエンテーション） ❸単元の学習内容と本時のねらいを確認する。 ❹学習の仕方や進め方に見通しをもつ。 ❺チーム編成をする。 ❻試しのトラックリレーをする。	❸準備運動 ❹動作感覚つくりの運動をする。 ○8秒間走 ・50cm〜Ｉm区切りのハンディキャップがついたスタートラインをいくつか引いておき，8秒間でゴールラインまで走れるか挑戦する。 ※スタートラインに得点を書いておき，得点化して仲間と競わせたり，前の時間の自分の記録を超えられるように目標を持たせたりしていく。 ❺本時のねらいを確認する。 ❻トラックリレーをする。	運動会当日
	❼本時の振り返りをする。❽整理運動，挨拶をする。❾後片付けをする。		

　第１時は，テークオーバーゾーンを実際に使って，バトンの受渡しをしてみましょう。ここでは上手くいかないことがほとんどです。その後は，早速チームを組んで，トラックリレーの競争をしてみます。ここでの困り感や上手くいかなか

ったことを２時間目以降につなげられるように，教師は振り返りをきちんと行いましょう。

　第２時からは，トラックリレーの勝敗の鍵になるテークオーバーゾーン内で，減速の少ないバトンの受渡しを中心課題として学習していきましょう。滑らかなバトンの受渡しが苦手な児童には，バトンを受ける手の位置や高さを確かめたり，仲間同士でスタートマークの位置を確かめたりするとよいでしょう。

（浅間　聖也）

6 指導計画例
④集団リレー型　中学年
台風の目

　台風の目は，体つくり運動領域の内容となります。小学校学習指導要領解説体育編の「用具を操作する運動」を通して，巧みに用具を操作する動きを身に付けることができます。

　また，竹棒をグループで持ち運ぶ際，持つ場所によって動きや考えることが変わってきます。そのため，誰がどこを持った方がよいか，自分たちに合った役割を選ぶことを学ぶこともできます。

　その上で，チームで協力して勝利に向かって努力する中，上手くいかなかったことを話合いや練習を重ねて改善していくことで，思考力，判断力，表現力等を高めたり，最後の最後まで友達を応援していくことや友達と協力することを通して，学びに向かう力，人間性等を涵養したりすることにつながります。

　運動会種目としての楽しさ

　台風の目の運動会種目としての楽しさは，日常生活で運ぶことがないであろう，1人では運ぶことが難しいであろう長い竹棒を友達と協力して素早く運ぶことにあります。また，1つの失敗で順位が入れ替わってしまうという緊張感を味わえることにもあります。詳細は，pp.54-55を参照してください。

▶3 指導計画

時	I	2・3・4・5	
	❶集合，整列，挨拶をする。　❷健康観察をする。		運動会当日
学習過程	（オリエンテーション） ❸単元の学習内容と本時のねらいを確認する。 ❹学習の仕方や進め方に見通しをもつ。 ❺チーム編成をする。 ❻試しの台風の目をする。	❸準備運動 ❹動作感覚つくりの運動をする。 ○さまざまなコースに沿い竹棒をグループで操作する。 ・特に旋回する動きを身に付けられるようにする。旋回する際，両端の役割が変わることに着目できるようにする。<hr>❺本時のねらいを確認する。 ❻台風の目をする。	
	❼本時の振り返りをする。❽整理運動，挨拶をする。❾後片付けをする。		

　第1時は，まずは普段運びなれていない長い竹棒を持ち，グループで協力して運ぶことを体験します。その際，グループに付いていけず転倒してしまったり，他のグループの竹棒がぶつかったりしないように，安全面についての指導を必ず行いましょう。

　第2時からは，竹棒を持つ位置によって，動きや役割が変わることに子供たちが気付くことができるようにしましょう。旋回する際に，回旋の中心にいる子供は棒の位置と重心を低くし，外側にいる子供はなるべく中心に寄り，素早く動くことができるようにしましょう。直線移動している際に，竹棒の持つ位置を変えられるようになるとさらに素早く運ぶことができるようになります。また，竹棒を離してしまったり，回旋する目印のポールを倒してしまったりと失敗してしまうことがあります。失敗しないようにどんなことにグループで気を付けたらよいか話し合う時間をとってみてもよいかもしれませんね。

（浅間　聖也）

指導計画例
⑤一斉対戦型　低学年
玉入れ

 学習指導要領での位置付け

　玉入れは，体つくり運動領域の内容となります。小学校学習指導要領解説体育編の「用具を投げる，捕るなどの動きで構成される運動遊び」を通して，体の動かし方を結果的に学ぶのに適した教材と言えます。

　低学年の子供にとって，ボールをたくさん投げる経験をすることは，日常ではあまり多く行われることはありません。また，地域によっては，用具を遠くまで投げることを行うことが難しい環境にあることも珍しくないと言えます。その中で，投げる運動に慣れない子供たちは，玉入れ用の比較的軽いものをたくさん投げることで，体の使い方を経験できる有効な教材と言えます。また，斜め上に向かって用具を投げることや，高いところまで目いっぱい投げることは，投の運動で扱われる体の動かし方にもつながると考えられます。

 運動会種目としての楽しさ

　玉入れの運動会種目としての楽しさは，周りから見たときに，どのチームが勝っているのかが分からないという勝敗の楽しさを感じられることや，体の小さな低学年の子供たちが，その体を目いっぱいに使って高いところにある目標物（かご）まで，思いっきり玉を投げ入れる姿を見ることも楽しさの１つと言えます。詳細は，pp.114-117を参照してください。

時	Ｉ	２・３・４・５	
学習過程	❶集合，整列，挨拶をする。　❷健康観察をする。		運動会当日
	（オリエンテーション） ❸単元の学習内容と本時のねらいを確認する。 ❹学習の仕方や進め方に見通しをもつ。 ❺チーム編成をする。 ❻試しの玉入れをする。	❸準備運動 ❹動作感覚つくりの運動をする。 ○バスケットゴールなどを使って玉を投げる。 ・玉入れの玉をたくさん投げることを経験できるようにする。毎回，玉入れのかごを用意してもよいが，運動場に設置しているバスケットゴールなどの目標物に向かって，玉を多く投げることを経験できるようにする。 ❺本時のねらいを確認する。 ❻玉入れをする。	
	❼本時の振り返りをする。　❽整理運動，挨拶をする。　❾後片付けをする。		

第１時は，玉入れのかごの高さを感じ，課題意識がもてるようにする。かごまで玉が届かない子供たちには，どのように投げると高く玉が投げられるようになるのか，投げ方を確認していきましょう。

第２時からは，動作感覚つくり運動の前に，手首のスナップを利かせられるようなタオル振りを取り入れたり，

カニやボルトのポーズ

投げ方の粗形態が分かるように「カニ，指差し，１，２，３」などの子供の体の動かし方の感じが分かるオノマトペを共有したりするなどの指導が有効になります。すべての子供がたくさんの玉を投げるという経験ができることが最大の魅力です。何度も繰り返し玉を投げられるようにしましょう。

（首藤　祐太朗）

6 指導計画例
⑥一斉対戦型　中学年
棒引き

1　学習指導要領での位置付け

　棒引きは，体つくり運動領域の内容となります。小学校学習指導要領解説体育編の多様な動きをつくる運動の「人や物を押す，引く，運ぶ，……力比べをする……」といった動きを学ぶことに適した運動と言えます。また，中学年以降のゲーム領域における「簡単な作戦を選ぶ」といった思考力，判断力，表現力等における学びにも有効な教材と言えます。

　棒引きでは，棒という用具を介することで，力一杯に物を引く，運ぶなどの動きを経験することができます。力を目いっぱい入れることは，安全面での危険性が高まります。しかし，小学校段階で，力を目いっぱい入れるなどの，体の使い方を経験することは重要なことです。安全面に十分配慮し，適切な指導をすることで力を目いっぱい入れることを経験できるようにしましょう。また，作戦を友達と共有し，誰がどの棒から引いていくのかなどを賢く学んでいけるようにしましょう。

2　運動会種目としての楽しさ

　棒引きの運動会種目としての楽しさは，作戦面でのやり取りや，棒を引き合う力強い姿を見ることができたときに味わえるものであると考えられます。特に，ゲーム終盤に少なくなった棒に対し，多くの子供が集まってきて棒を引きあう姿に思わず声援を送りたくなります。詳細は，pp.100-101を参照してください。

3 指導計画

時	Ⅰ	2・3・4・5	
学習過程	❶集合，整列，挨拶をする。　❷健康観察をする。		運動会当日
	（オリエンテーション） ❸単元の学習内容と本時のねらいを確認する。 ❹学習の仕方や進め方に見通しをもつ。 ❺チーム編成をする。 ❻安全面の指導を確実に行う。 ❼試しの棒引きをする。	❸準備運動 ❹動作感覚つくりの運動をする。 ○Ⅰ対Ⅰでの棒引きを行う。 ・棒を介して，力強く引く力を出すためには体をどのように使うのがよいかを学ぶことができるようにする。 ・手で引くのではなく，足を使って低い姿勢で引くことなどを経験できるようにする。 ❺本時のねらいを確認する。 ❻作戦を共有する時間を確保する。 ❼棒引きをする。	
	❽本時の振り返りをする。❾整理運動，挨拶をする。❿後片付けをする。		

　第1時は，特に安全面における指導を徹底しましょう。急に手を放す，棒の先に目や顔が来ないようにするな どの指導を具体的に行いましょう。また，子供がけがをしないように，棒にささくれが無いか，棒の端には緩衝材となるようなスポンジや軍手を巻くなどの配慮がされているかを確実に確認してから運動ができるようにしましょう。

　第2時からは，誰がどの棒を引くとより多くの棒が引けるかを考えて，チームで共有してから，実際に試すという学習の流れで行うようにしましょう。棒を引くこと自体は個人の競争のように感じがちですが，棒引きはチームでどれだけ棒を確保できたかの競争であることを理解し賢く学ぶことができるようにするとよいでしょう。

（首藤　祐太朗）

6 指導計画例
⑦一斉対戦型　中学校
長縄跳び

1　学習指導要領での位置付け

縄跳びを用いた運動は，体つくり運動の体の動きを高める運動の４つのね
らいの１つである「動きを持続する能力を高めるための運動」として取り上
げます。「動きを持続する能力を高めるための運動」とは「一つの運動又は
複数の運動を組み合わせて一定の時間続けて行ったり，一定の回数を反復し
て行ったりすることによって，動きを持続する能力を高めることをねらいと
して行う運動」です。行い方の例としては「走やなわ跳びなどを，一定の時
間や回数，又は，自己で決めた時間や回数を持続して行う」ことが示されて
います。また，単元を通して「体力の程度や性別等の違いを踏まえて，仲間
とともに楽しむための運動を見付け，仲間に伝えること」の学習や「仲間の
補助をしたり助言をしたりして，仲間の学習を援助しようとすること」の学
習も大切な学びとなります。

2　運動会種目としての楽しさ

運動会では個人で競う種目が多くなりがちです。長縄跳びはクラス全員で
取り組む種目であり，練習を重ねるとその成果が回数となって表れてきます。
同じ運動を繰り返し行う中にも，跳び方やタイミング，声の掛け方などクラ
スによって工夫の仕方に違いが出てきて，それぞれのよさを発揮できます。
運動が苦手な子も得意な子も支え合って取り組んでいけるところに楽しさが
あります。またクラス一番の力持ちは縄の回し手として活躍できるチャンス
もあります。詳細は，pp.94-95を参照してください。

3 ▶ 指導計画

時	I	2・3・4・5	6・7	8	
学習過程	❶集合，整列，挨拶をする。　❷健康観察をする。				運動会当日
	（オリエンテーション） ❸これまでの学びを振り返る。 ❹運動に取り組む。 ・けがを防ぐ運動に取り組む。 ・体ほぐしの運動に取り組む。	❸体ほぐしの運動に取り組む。 ❹体の動きを高める運動に取り組む。 ・体の柔らかさを高めるための運動（静的動的道具使用のストレッチ） ・巧みな動きを高めるための運動（開閉跳び，馬跳び，バランス） ・力強い動きを高めるための運動（腕立てタッチ，片足スクワット） ・動きを持続する能力を高める運動（短縄，長縄8字跳び，長縄跳び）	❸体ほぐしの運動 ❹効率の良い組み合わせ（4つのねらい別に実施）	❸自分の体力に応じてねらいを決める。 ❹3人組でそれぞれの組み合わせた運動を行う。	
		〈長縄跳びの流れ〉回し手の選択⇒小グループでの長縄⇒クラス全員での長縄⇒時間跳び⇒回数に挑戦⇒他クラスと競う			
	❺本時の振り返りをする。　❻整理運動，挨拶をする。　❼後片付けをする。				

　体つくり運動の単元の中で，体の動きを高める運動に重きを置く第2時〜第5時において「動きを持続する能力を高めるための運動」の一部として長縄跳びを扱います。第2時は回し手を数名に経験させたり，小グループで長縄跳びを体験させます。第3

時からはグループ全員での長縄にも挑戦しながら，時間を区切って跳んだり，回数に挑戦したりしながら，動きを持続する能力を高めていきます。授業の中で扱える時間は限られているので，できる限り自分たちで意見を出し合わせながら，自己決定によって練習を進めていきます。練習が軌道に乗れば，運動会までの時間を，昼休みなどの時間が長い休み時間や，学年練習などの時間を上手く使ってクラスごとに跳べる回数を伸ばしていこうとする意欲につながります。

（阿部　健作）

運動会の団体競技種目
50

1 置き換えリレー遊び

1 ▶ 流れとルール

❶　奇数走者は，手前から奥のタイヤにものを移動する。偶数走者は，奥から手前のタイヤにものを移動してリレーをする。

❷　1mほどのゴムマットの上でバトンの受渡しを行う。

❸　置き換えるものがタイヤの外に出てしまったら，走者は戻ってタイヤの中に置き直す。

❹　置き換えをしっかり行い，先にゴールしたチームの勝ちとなる。

場の設定図

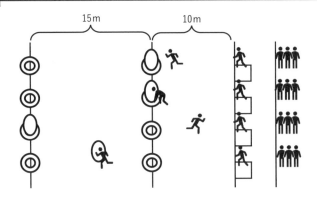

> 人数，所要時間：1チーム5〜6人で1レース2分ほど
>
> およその指導時間：5時間扱い
>
> 準備物：リング状のバトン，ビニール製の起き上がりこぼし，タイヤ

▶2　指導のポイント

❶　最後まで勝負が分からない用具の工夫

　置き換えるものによって，レース展開が変わってきます。持ちづらいものや転がってしまうものを置き換えることで偶然性が現れやすくなります。「最後まで勝負は分からない。勝てるかもしれない」と子供たちが思えるような種目にすることで，最後までを諦めずに取り組むことができるようになります。埼玉大学教育学部附属小学校では，置き換えるものとして「ビニール製の起き上がりこぼし」を使用しています。安全に運べ，持つこと自体が楽しいものです。さらに，持ちにくいため持ち方を工夫する必要もあります。下のほうを持った方が，脚を動かしやすくなるので速く走れますし，置きやすくなりタイヤの外に出てしまうミスが少なくなります。

　速く確実に置き換えるために，子供たちはタイヤの近くで腰を落として下の方を持とうとするようになります。すると，低い姿勢からのスタートダッシュが自然と生まれるようになるでしょう。

　他の置き換えるものの例とし，ボールが考えられます。ドッジボールなど少し大きめのボールを複数個（2〜3個）置き換えるルールとすることで，どのように持つとよいのかなど，思考する場面をつくることができます。

❷　スムーズなバトンパスのための工夫

　バトンの受渡しについては，バトンを受け手が止まった状態で渡し手と対面して（迎えで）正確にバトンを受渡すことを目指します。受け手と渡し手がぶつからないように，走り抜ける方向を決めておきましょう。

（森田　哲史）

② 小トラックリレー

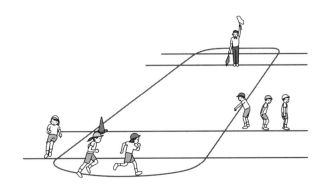

▶ 1　流れとルール

❶　1レース3〜4チーム程度の参加とする。

❷　ピストルの合図で，一斉にスタートをする。

❸　バトンをつなぎ，最終的に一番早くゴールしたチームの勝ちとする。

場の設定図

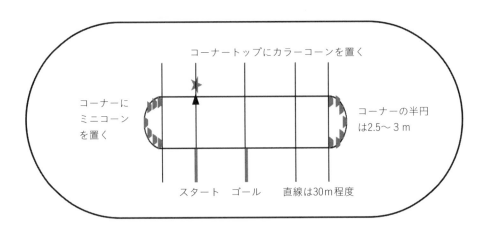

コーナートップにカラーコーンを置く

コーナーに
ミニコーン
を置く

コーナーの半円
は2.5〜3 m

スタート　ゴール　　直線は30m程度

人数，所要時間：1チーム6人で1レース5〜7分ほど

およその指導時間：5時間扱い

準備物：バトン，ビブス

2 ▶ 指導のポイント

❶ 走り方（コーナーの回り方と直線での走り方）

　小トラックリレーは，大きなトラックよりも個人の走り方を学ぶのに適した教材と言えます。具体的に学ぶことができるのは，コーナーの回り方と，直線での走り方です。コーナーの回り方では，体を傾けたり，足の運びを意識して走ったりすることを繰り返し練習することで身に付けていきます。上手に走れてくると，コーナーの終わりにスピードを落とさず走ることができるようになります。

　また，直線での走り方としては，走力の違いがある子供でも抜かれにくくなったり，逆に抜くタイミングを掴んだりすることを学ぶことができます。具体的には，内側に引いてある直線から20cm程度のところを走ることで，内側から抜かれないようにすることや，外側からも抜かれにくくなる場所を考えながら走るなどを学びます。一人一人の0.1秒に対するこだわりが最終的にチームの勝利につながることを伝え，勝敗についての態度も学ぶことができます。

❷ バトンの受渡し

　中学年の児童は，前の走者に合わせて動きながらバトンをもらうことができることを目標にバトンの受渡しができるようになるとよいでしょう。

　自分以外の人の動きに合わせて動くことを感じ，後ろを向いてでもよいのでタイミングよく受渡しができることを目指しましょう。

（首藤　祐太朗）

③ トラックリレー

1 ▶ 流れとルール

❶ 走者は，テークオーバーゾーン（20m）でバトンの受渡しをする。

❷ 第1走者から第2走者のテークオーバーゾーンの終わりまではセパレートコースで行い，それ以降はオープンコースで行う。

❸ 1番最初にコーナートップ（カラーコーンを置いておく）を過ぎたチームの次走者からテークオーバーゾーン内の内側から並ぶ。

❹ バトンをつなぎ，アンカーが先にゴールしたチームの勝利。

場の設定図

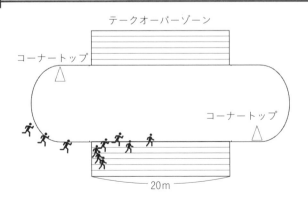

> 人数，所要時間：1チーム4～6人で1レース2分ほど
> およその指導時間：5時間扱い
> 準備物：バトン，カラーコーン

▷2 　　指導のポイント

❶ 中学校の陸上競技につなげるためのチーム編成の工夫

　小学校高学年のリレーでは，低学年・中学年の学習を踏まえ，その運動のもっている運動技術の初歩的，基本的な技能も身に付け，中学校の陸上競技の学習につなげていくことが求められています。その中で，ただ運動を行って「勝った，負けた」で終わるのではなく，子供たちが自己やチームの課題を見付け，その解決のための活動を工夫し，記録を伸ばしたり，競走に勝ったりすることができるようにしましょう。

　そのためにまずは，チーム編成の工夫をしましょう。各チームの平均タイムが同じになるように編成することで，勝つか負けるか分からない緊張感が生まれたり，チームでよりバトンの受渡しの技能向上をしようと一生懸命取り組むようになったりします。

❷ 滑らかなバトン受渡しの指導

　高学年では，児童がテークオーバーゾーン内で，減速の少ないバトンの受渡しができるように指導をします。例で示すと，オーバーハンドパスを基本とし，右手（左手）で受け取り，左手（右手）に持ち替えて次走者に渡すことを共通課題として学習します。0.01秒でもタイムを縮められるようにチームで何度も練習できる時間を設定します。自分たちの課題はどこにあるのか，その課題を解決するためにはどんな練習がよいのか考えながら練習します。

（浅間　聖也）

④ 借り物リレー

1 流れとルール

❶ 1チーム8名で1人半周100mずつを走る（6チームでの競走）。

❷ 借りる物の絵が描かれたカードをスタートから30mあたりに置く。

❸ 走り方・流れは次の通りとする。①スタート位置（スタンディングスタート）②走る（30m）③借り物カードを確認する（複数枚設置）④カードの絵を持っている人を探して物を借りる⑤審判へ確認してもらう⑥カードエリア位置から走る⑦バトンパス（タッチによる）以下繰り返す。

場の設定図

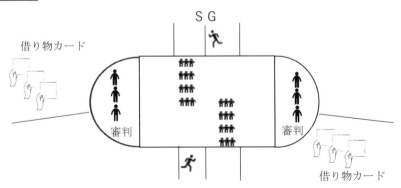

人数，所要時間：1チーム8人（6チーム対抗）で1レース5分ほど

およその指導時間：2時間扱い

準備物：借り物カード，ビブス

2 ▶ 指導のポイント

❶ マナー指導について

　借り物リレーのきまりを守り，誰とでも仲よく励まし合うことができるように，応援することや励ましの言葉をかける大切さを指導します。また，借り物リレーに進んで取り組むことができるように，チームごとに借り物を考える時間を設定すると面白いでしょう。

❷ 特別な配慮を要する児童の支援について

　特別な配慮を要する児童への支援として，借り物カードは，誰でも確認しやすいような絵と言葉で示しましょう。また，誰もが持参していたり身に付けていたりする以下のような身近な物にするとよいでしょう。

・学校教育現場で許容される物　例）：帽子（○○球団のもの，麦わら）

・借りても壊れにくい物　例）：水筒，ハンカチ，タオル

・適当な面白さのある物　例）：ピカピカのもの，きらさらしたもの

（亀山　友宏）

⑤ 障害物リレー

1 ▶ 流れとルール

❶ 1チーム8名で1人半周100mずつを走る（6チームでの競走）。

❷ 走り方・障害の設置順は次の通りとする。①スタート位置（スタンディングスタート）②短縄でのかけ足跳び（30m）③跳び箱を越える（6段，複数台設置）※技能に応じては跳び乗るから着地も可とする④走る⑤バトンパス（タッチによる）⑥走る⑦網くぐり（横10m，奥行き10m程度）⑧走る⑨平均台渡り（複数台設置）※技能に応じて高さを選べるようにする⑩走る⑪バトンパス（タッチによる）以下繰り返す。

場の設定図

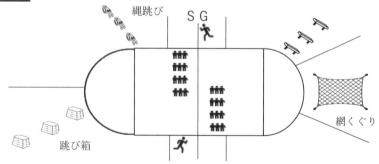

類　型

個人リレー型

2 ▶ 指導のポイント

❶　役割分担と教材の工夫について

　用具等の準備や後片付け，計測や記録などで分担した役割を果たすことができるようにするため，用具等に応じて一人一人の分担を明確にしておくとよいでしょう。

　かけ足跳びは，自分でできる一番早い走り方を選ばせます。できるだけ一回旋一跳躍の跳び方ができるように練習しましょう。

　また，跳び箱の高さは2種類設置し，選択させてもよいでしょう。(4段，6段)

❷　用具の配置について

対　象

小学校

　用具の取り合いにならないよう，1つ及び1か所程度は余裕をもたせて用具の設置を行いましょう。

対　象

中学校

　なお，運動の特性を考慮し，障害物の克服でレースが終始しないよう十分に走る距離も確保したうえで用具の配置を行うとよいでしょう。

（亀山　友宏）

6 バケツリレー

1 ▶ 流れとルール

❶ それぞれの走者は半周100m を走る。

❷ バケツいっぱいに同じ個数のボールを複数個入れ，バトン代わりとする。

❸ ボールを落としたらその都度拾ってバケツに入れて走る。

❹ 第1走者はセパレートコースを走り，第2走者のテークオーバーゾーン
出口よりオープンコースとなる。

❺ バケツパスはテークオーバーゾーン内で行い先にゴールしたチームの勝
ちとなる。

場の設定図

テークオーバーゾーン

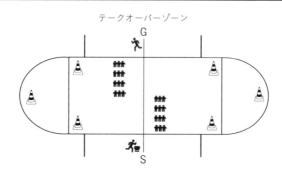

人数，所要時間：1チーム8人（6チーム対抗）で1レース5分ほど

およその指導時間：4時間扱い

準備物：バケツ，テニスボール（硬式テニスボール：直径6.54〜6.86cm），ビブス，カラ
　　　　ーコーン

2　　指導のポイント

❶　リレーを楽しむ工夫について

練習や競走する場面で，最善を尽くすことや勝敗の受け入れなどのよい取り組みを見付け，他者へ伝えることができるようにするため，前時のレースの振り返りや反省を共有する時間を設けましょう。

体力や技能の程度，性別等の違いを踏まえて，仲間とともにリレーを楽しむため，走る距離の工夫や走順の検討タイムを設定します。

第1走者のコースを決めるときも，くじ引きにすると盛り上がります。

応援に対するマナー指導も，チームの力となるため大切です。

毎時間の記録を正確に記録しておくとよいでしょう（目標とする記録の達成に向け，負けが続いているチームへ教員が関われるようになります）。

子供への称賛は心から盛大にしましょう。教員の姿は子供へ派生します。

❷　用具の配置と工夫について

コーナーの内側に入らないように目印となるコーンを立てます。

用具については，バトンに代わるバケツとして，両手で抱える大きさや片手で持てる大きさなど子供の実態に応じて選択するとよいでしょう。

バケツに入れたボールを落とすと，拾ってからレース再開となります。バケツに入れる個数は子供同士で共有しましょう。

（亀山　友宏）

7 全員リレー

 流れとルール

❶　スタートはクラウチングスタートとする。

❷　奇数走者は70m，偶数走者は130m とし，第39走者と第40走者は200m
を走る。

❸　第1走者はセパレートコースを走り，第2走者のテークオーバーゾーン
出口よりオープンコースとなる。

❹　バトンパスはテークオーバーゾーン内で行い，先にゴールしたチームの
勝ちとなる。

場の設定図

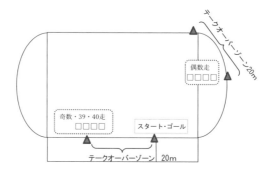

人数，所要時間：1チーム40人で1レース12分ほど

およその指導時間：5時間扱い

準備物：バトン，ビブス

2　指導のポイント

❶　作戦を練った，走順の工夫

　走順によって，レース展開が変わってきます。70m区間と130m区間，200m区間とあるため，どこに誰が走るのかを決めるところからクラスの作戦立ては始まります。先行逃げ切り型にするのか，バランス重視型にするのか，後半追い上げ型にするのか等，クラスの現状をよく考え，作戦を練ることが勝利へ向けて重要になってきます。

　スムーズなバトンパスをするために走力の近いもの同士を並べる走順にするのか，テークオーバーゾーンを存分に使用するために，多少の走力差のある走順にするのかもクラスで考えられるとよいでしょう。

❷　スムーズなバトンパスの工夫

　バトンの受渡しについては，20mのテークオーバーゾーン内であれば，どこで受渡しをしても構いません。また，スピードにのったバトンパスを行うことで，走力をカバーすることができます。

　他クラスと拮抗し焦ってしまうとバトンを落としてしまったり，テークオーバーゾーンを越えたバトンの受渡しをしてしまったりと，失格となり得る状況が予想できます。練習の時点で想定をし，バトンパスの精度を高めていくことが大切です。また，2走のセパレートコースからオープンコースに変わるところの確認を念入りにする必要があります。

　渡し手と受け手のバトンを持つ手の指定や，受け手が待つときの体の向きを指定しておくとけがの防止につながり，安全に行うことができます。

（中村　優希）

類 型 個人リレー型　**対 象** 中学校

⑧ スウェーデンリレー（名称の由来は発祥地）

 1　流れとルール

❶　1チーム5人で行う（各学年，男女別レース）。

　　1年女子レース⇒1年男子レース⇒2年女子レース⇒

　　2年男子レース⇒3年女子レース⇒3年男子レース

❷　1・2走50m，3・4走100m，5走200mをつないで走る。スタート位置はゴールとは反対の位置。

❸　第1・2走者はセパレートコース，第3走者がテイクオーバーゾーンを越えてからオープンコースで走る。

❹　アンカーが先にゴールしたチームの勝ちとなる。

場の設定図

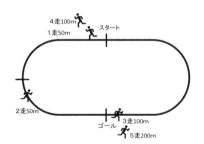

48

人数，所要時間：1チーム5人で1レース1分30秒ほど

およその指導時間：2時間扱い

準備物：バトン，ビブス

2 🚩 指導のポイント

❶ 50m，100m，200mの距離に応じた人員配置の工夫

最後の200mで大逆転が起こる可能性がある種目です。前半に離されても
アンカーが全員を抜かしてゴールするレースもあります。200mで抜かした
アンカーは運動会のヒーローとなりますが，独走状態だったにも関わらずアン
カーで大逆転を許してしまった子供はかなりのダメージを受ける可能性も
あります。また，50mは距離が短いので，運動が苦手な子でも挑戦しやすい
です。子供が自分たちで人員配置を決めたうえで，最終的に先生方が子供た
ちの運動技能と精神面などの人間性等を考慮して，最終確認をすることがポ
イントです。

❷ 走順によってスタート位置と走り終わった後の待機場所が変わる

走る距離が違うので，それぞれの走者のスタート場所が違います。また，
走り終わった後も違うのでバラバラの場所で待機することになります。図に
あるように入退場の練習を入念に行いましょう。

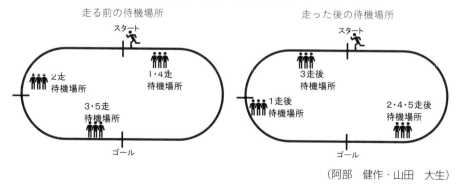

（阿部　健作・山田　大生）

⑨ 宅配リレー

 1　流れとルール

❶　１人40mの片道走行で行い，１辺約30cmの箱を３段重ねて片手の上に乗せて競走する。

❷　箱を落としたらその場に止まり，競技者の１番手前に落ちた場所で積み上げ直して競技を再開する。

❸　箱をバトン代わりとし，ラインを越えてから箱の受渡しを行う。受渡しの際は，両手を使ってもよい。

❹　先にゴールしたチームの勝ちとなる。

場の設定図

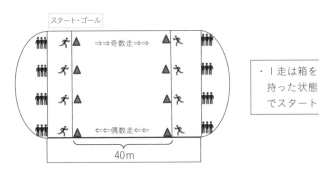

・１走は箱を持った状態でスタート

人数，所要時間：1チーム8人で1レース3分ほど

およその指導時間：4時間扱い

準備物：1辺約30cm の箱（A4用紙の入っている箱）を1チーム3つ，カラーコーン，ビブス

2 ▶ 指導のポイント

❶ スムーズなランニング

速く走れば勝てるという種目ではありません。もちろん，高いスピードで安定し進むことができればよいですが，箱を落とさずに次走者またはゴールに箱を運ぶことができるかが勝つためのポイントになります。

違反で多いのが，箱が散らばってしまい1番手前に落とした位置よりも先からスタートしてしまうことです。バランスよく速く走りきるためのコツを身に付けるために，スムーズな動きをしている子に焦点を当て，観察や意見交換等チーム内で試行錯誤することで思考力が高まります。

❷ バトンパスの工夫

バトンパスは箱の受渡しになります。バトンの受渡しについては，受け手が止まった状態で渡し手と対面して（迎えで）正確に箱を受渡すことを目指します。スムーズな受渡しのための方法や声掛けの仕方もチームで考えることができるとよいでしょう。

❸ 用具について

箱一つ一つにクラスカラーの色画用紙を貼ります。練習を重ねるほど箱がボロボロになってしまうため，練習用と本番用で別に箱を用意するとよいでしょう。

（中村　優希）

10 部活動対抗リレー

1 ▶ 流れとルール

❶ 各部活6走者×100mで走るバトンのリレーを行う。
　（①文化部⇒②運動部女子⇒③運動部男子）

❷ 原則，テークオーバーゾーン（バトンパスの範囲）を守ること。
　※部活の種目特性によっては難しい場合もありうる。

❸ 部の特徴を生かした服装やバトンがわりのものを用意してもよい（特に文化部）。

❹ アンカーが先にゴールしたチームの勝ちとなる。

場の設定図

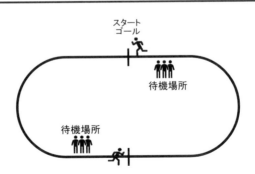

人数，所要時間：1チーム6人で1レース1分50秒ほど

およその指導時間：2時間扱い

準備物：バトン，服装（どちらも各部で用意したものも可）

2　指導のポイント

❶　各部オリジナルの服装やバトンを用いる

　運動部は部活の公式戦ユニホーム，文化部は特徴を生かした服装で出場します。例えば調理部はエプロンを着たり，美術部はベレー帽を被ったりします。バトンもオリジナルのものを使用します。例えば運動部はサッカーボールやテニスラケットを，文化部ならば調理部はフライパン，美術部は段ボールで作成した大きな色鉛筆を両手で抱えながら走ります。

❷　スタートや審判を生徒が運営する

　スタートや審判を自分たちで運営することによって新たな発想が生まれ，それを採用しやすくなります。例えばスタートを任せることで，ピストルの合図で全員がその場で倒れたりするなど，会場を笑顔にしてくれます。生徒に任せるからこそ生まれるアイディアを採用するきっかけにしましょう。

❸　アトラクションとしての位置付け

　学校にたくさんの部活があると，各部がどんなメンバーがいてどんな活動をしているのかが分かりにくいことがあります。全校生徒の前で公式戦のユニホームを披露したり，文化部が本気で競い合う姿を見るのは新鮮です。地域の方々やこれから入学してくる子供たちにも，部を紹介できるよい機会となります。アナウンス等で成績やコンクールの日程をお知らせするのもよいでしょう。競技というよりアトラクションとして運動会を盛り上げられる種目です。

（阿部　健作）

11 台風の目

 1　流れとルール

❶　4人1組となって全員が1本の棒を持ちリレーをする。

❷　コーンを折り返して戻ってくる。

❸　ゴールと同時にチーム全員の足元に棒をくぐらせ，次に頭の上に棒を通し，次のチームに棒を渡す。全チームが走り終えるまでコースの往復を繰り返す。

❹　先にゴールしたチームの勝ちとなる。

場の設定図

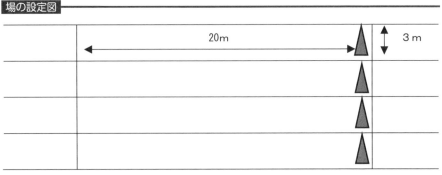

スタートライン　　　　　　　　　　　　　　　折り返し

人数，所要時間：クラス対抗で1レース10分ほど
およその指導時間：5時間扱い
準備物：竹竿などの長めの棒，カラーコーン

　指導のポイント

❶　コーンの回り方

コーンを回るところで，どうしても遠心力がかかってきます。その遠心力に耐えられず，外側の人が振り落とされてしまうということがよくあります。それを避けるために，棒は綱引きの持ち方と同じように，片方の手を棒の下側から握るとよいでしょう。また，カラーコーンを回る際，コーンの近くを小走りで回ることです。

高学年で行う場合，スタートとゴールの間にカラーコーンを置き，途中で回旋をしてから折り返す等工夫をすることで難易度が上がります。

❷　棒の受渡し方

棒を受渡す際，待っているチームは前後間隔をできるだけつめて待つことです。棒は手渡しするより一度地面に置いて渡した方がよいでしょう。

上述のようなポイントを単元前半で知識として習得することで，子供たちは自分たちで声を掛け合い，クラスで1つになって練習するようになります。台風の目は一見簡単そうで奥深い，クラスづくりに大きくつながる大変盛り上がる競技です。

（長谷部　佑太）

12 デカパンリレー

1 流れとルール

❶ 2人（3人）1組で巨大なパンツを履いて走る。

❷ デカパンツがリレーのバトン替わりとなる。

❸ デカパンツがずり落ちないようにパンツをもちながら走る。

❹ 一番早くゴールしたチームの勝利となる。

場の設定図

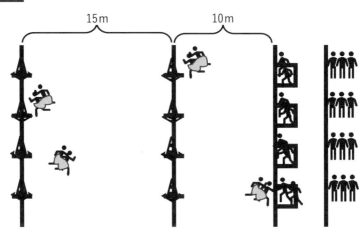

人数，所要時間：1チーム20人で1レース6〜8分ほど

およその指導時間：3時間扱い

準備物：デカパンツ（チームの枚数），カラーコーン等

2 ▶ 指導のポイント

デカパンリレーは巨大パンツを履きながら，パンツが落ちないよう2人組で協力して移動する競技です。デカパンツの着脱はどうしたら素早くできるか，コーナーや障害物をどうすれば素早く移動できるか考えながら運動ができるとよいですね。

❶ デカパンリレーのポイント

デカパンリレーに勝利するためのポイントは大きく2つあります。

1つ目はデカパンツの着脱です。リレーになりますのでどうしても焦ってしまい2人同時に着脱したくなりますが，1人ずつ行った方がスムーズです。あらかじめ，どちらが先に着脱するのか決めておくとよいでしょう。

2つ目は2人の走るペースを合わせることです。コーナーを走る際は走力の高い子供が外側を走るようにしましょう。

❷ 種目の発展と安全性について

この競技を低学年で行う場合はコースを直線にし，折り返しリレーのようにすると簡単にできます。中学年以上で行う場合はトラックを使い，コーナーを走ったり，途中ジグザクで走るコーンを置いたり，ゴム紐をくぐるといった障害物を置くと難易度があがります，また，借り物競争の要素をアンカーに取り入れると偶然性が増します。デカパンツの形状次第では人数を増やすことも可能です。

安全面への配慮は3点です。①体格差②走力差③デカパンツの裾の長さに気を付けて競技を楽しんでください。

（中嶋　圭一郎）

⑬ 2人でサンドイッチ

 1　流れとルール

❶　2人1組となり，背中合わせの状態でボールを間に挟み落とさないように走る。

❷　コーンの間をスラロームしながら進み，次の人へボールをつなぐ。

❸　チームでアンカーまでつなぎ，早くスタート・ゴールラインに戻ってきたチームの勝利。

❹　途中で落としてしまった場合は，その地点に戻り再開する。

場の設定図

スタート・ゴールライン

30m　～　40m程度

←　10m～20m程度　→

折り返しコーン

人数，所要時間：1チーム14人くらいで1レース5分ほど

およその指導時間：2時間扱い

準備物：バスケットボール，ビブス，カラーコーン

2　指導のポイント

❶　早く進む走り方

　サイドステップで進むと確実ですが，クロスステップが出来ればスピード
を出すことができ勝利に近づきます。クロスステップの動きは，最初難しい
かもしれません。動きに慣れるまでは遅いスピードで足の運び方を確認させ，
慣れてきたら徐々にスピードアップするとよいでしょう。また，人によって
は左右で動きやすい向きがあるので，右側，左側の両方を交代で体験させ得
意な方で実施できるようにしてください。ペアを組む際は身長差がなるべく
少ないペアの方が走りやすいです。

❷　ボールを挟む位置

　肩甲骨よりもやや下の位置で，背中を丸めた時に一番出っ張るところでボ
ールを挟むと落下しにくいです。腰の位置で挟むとサイドステップがしやす
いですが，スピードを上げるためのクロスステップはしにくくなります。

❸　難易度の調整

　2人は腕を組むことで密着度が高まり落としにくくなりますが，学年によ
り手を使用しないことでより難しい競技となります。また，はさむボールに
ついてもバスケットボール，サッカーボール，バレーボール，ハンドボール，
風船等と小さくなるにつれて難易度が高まります。走る順番にどんどん使用
するボールが小さくなっていくやり方もあります。

（鈴木　文彬）

14 二人三脚

 1　流れとルール

❶　2人1組となり，足を結び前方へ走る。

❷　コーンの間をスラロームしながら進み，次の人へたすきをつなぐ。

❸　チームでアンカーまでつなぎ，早くスタート・ゴールラインに戻ってき
たチームの勝利。

場の設定図

スタート・ゴールライン

30m　〜　40m程度

折り返しコーン

> 人数，所要時間：１チーム20人くらいで１レース５分ほど
> およその指導時間：２時間扱い
> 準備物：バンドまたはストッキング，たすき，ビブス，カラーコーン

類　型

集団リレー型

2 ▶ 指導のポイント

❶ 安全な実施について

　まず，トラックでの実施はコーナーでの接触やバトンパスの際に人が密集する危険があり，図のような他チームとの距離がとれる場の設定で行うと安全に実施できます。足を結ぶ用具は伸縮性のある専用のバンド等も販売されていますが，ストッキングなどでも代用が可能です。さらしやハチマキ等を使用すると足に擦れてけがをする可能性がありますので配慮が必要です。練習時は，転倒時の手のつき方を先に指導しておくことで怪我の防止をしましょう。

対　象

小学校

❷ バトンパスについて

　たすきを渡していく交代方法もありますが，保護者席から見ると分かりにくい場合があります。その際は着用しているビブスを渡すことによって交代がハッキリするという利点があります。また，前走者の全身が完全にラインを越えたら，次の走者がスタートをするという条件設定をすることで公平に順位を競うことができます。

対　象

中学校

❸ 足を合わせる工夫

　ペアで足を合わせて早いスピードで走れるかが勝敗のポイントとなります。はじめの一歩を左右どちらから出すかを決めておくことはもちろん，膝をどの高さまで上げるか，歩幅はどの程度にするか，掛け声をどうするかを練習時間で合わせるように指導をするとよりレベルが上がります。体格が似た子供でペアを組むと走りやすいです。

（鈴木　文彬）

15 ラケット便リレー

 1 流れとルール

❶　2人1組でボールを手に持ったラケットで挟み，ボールを落とさないようにリレーをする。

❷　コーンやマーカーを折り返して戻ってくる。

❸　スタート位置に戻ったら次の走者にラケットとボールをバトンタッチする。

❹　先にゴールしたチームの勝ちとなる。

場の設定図

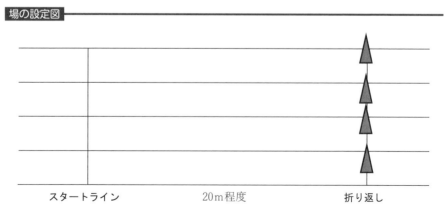

スタートライン　　　　　20m程度　　　　　折り返し

> 人数，所要時間：1チーム10人で1レース2〜3分ほど
> およその指導時間：4時間扱い
> 準備物：バドミントンラケット，ボール，カラーコーン

2　指導のポイント

❶　ラケットでのボールの挟み方の工夫

　ボールを落とさないように速く移動するにはどうすればよいか，考えながら運動ができるとよいですね。そのために，ラケットの面を地面と垂直や平行にするなど，ペアで相談して決めておくとよいでしょう。また，ボールの位置は，胸や腹の前で挟むと，ボールと進行方向を一緒に見ることができ，移動しやすいです。

❷　スムーズな引継ぎのための工夫

　次の組と交代する際に素早く確実にラケットとボールを引継ぎましょう。そのために，ラケットのどの部分をもって引継ぐのか，前後のペアで事前に決めておくとよいですね。

❸　競技を盛り上げるための工夫

　この競技は直線のみの移動だと比較的簡単にできてしまうので，コースや教具の工夫をすると，難易度が上がり，最後まで勝負が分からなくなります。コースの工夫では，カラーコーンをコースにいくつか置いてジグザグに移動したり，ゴム紐を高跳びの支柱2本で地面と平行に設置し，その下をくぐって移動したりする工夫があります。教具の工夫では，ラケットをバドミントンラケットではなく，棒にしてみたり，ボールの重さや大きさ，硬さなどを変えてみたりする工夫があります。競技を行う子供たちの実態に合わせて，安全面を第一に考えながらコースや教具の工夫をしてみてください。

（浅間　聖也）

16 ムカデリレー

1 流れとルール

❶　3〜4人1組で行う。

❷　ムカデ競争のロープや先頭がかけるたすきがバトン替わりとなる。

❸　ロープ（下駄）が外れたら全員が付いたことを確認し再スタートする。

❹　一番早くゴールしたチームの勝利となる。

場の設定図

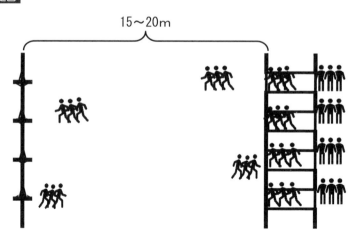

15〜20m

> 人数，所要時間：1チーム（3〜4人で1組）30人で1レース10分ほど
> およその指導時間：5時間扱い
> 準備物：ムカデ競争用ロープ（チームの数）またはムカデ競争専用下駄

2 ▶ 指導のポイント

❶ ムカデリレーについて

　ムカデリレーは専用のロープや下駄を使い転倒しないようチームで協力して移動する競技です。転倒しないために並び方や掛け声，はじめの一歩はどちらの足にするかなどチームで相談しながら練習できるとよいですね。

❷ ムカデリレーのポイント

　ムカデリレーに勝利するためのポイントは大きく2つあります。

　1つ目は安定して進むための並び順です。体格差や走力差が大きいと足がもつれ転倒してしまいます。並び順について，ペースを司る先頭にチームの中で走力が最もある子を，声掛けする子を最後尾に置くとよいでしょう。

　2つ目はチームの進むペースを合わせることです。「1234！」の掛け声や「せーの！」など，チームオリジナルの掛け声を考えるのもよいでしょう。いきなり3〜4人で行わず，2人1組からスタートし，徐々に人数を増やしていきます。一人一人の幅にもよりますが，狭い場合は前方の子の肩を広い場合は前の子の腰を持つとよいでしょう。

❸ 安全面への配慮

　ムカデリレーをする場合は着脱に場所を要するためセパレートコースや折り返しレースがおすすめです。転倒が予想されるので事前の安全指導は必須です。安全面への配慮は次の3点です。①大人数で行わない②少しずつ人数を増やしていく③ロープは伸縮性のあるものを使用することです。

（中嶋　圭一郎）

17 UFO

 流れとルール

❶　4人1組（実態に応じて5人1組）でチームを組む。イラストのように4人で手をつなぎ，背中合わせに大玉（またはバランスボール）を乗せて（UFO）折り返しリレーを行う。

❷　前走のUFOはバトンゾーンに戻ってきたら手を離し，UFOを崩す。

❸　大玉を次走の4人組の背中に乗せ，バトンパスする。

❹　アンカーのグループがバトンゾーンまで戻ってきたらゴールとする。

場の設定図

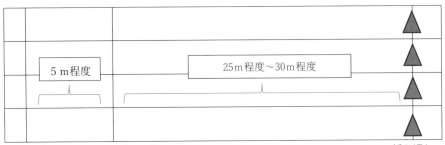

類型　集団リレー型

2 ▶ 指導のポイント

❶ 課題発見から課題解決のための工夫を子供が決める

　例えば大玉を背中合わせに乗せ，真っ直ぐ走ることが難しい状況に直面したとします。その課題の解決方法としてＵＦＯの横や後ろを走りながら声で指示を出してあげる「コーチ」という役を作るかどうかを子供たちに委ねてみるとよいでしょう。

　他にもボールが地面に落ちてしまった時にどのように対応すべきかについて，ボールが落ちたら取りに行き，4人組が背中合わせになった状態の上に大玉を乗せる「ボールキャッチャー」という役割を作るかどうかも子供たちに聞いてみるとよいと思います。

　このように，競技進行上の課題を子供たちと共有し，その解決方法を子供たちに委ねることで，運動への多様な関わり方を学ぶ機会になります。

対象　小学校

❷ 協働的な学びの実現

　この競技を選択する理由として「他者と協力して運動しようとする力を育てたい」という教員側のねらいをもつことが大切です。例えば，後ろ向きに走る子は，真っ直ぐカラーコーンに向かって走っているつもりでも，左右どちらかに偏って進んでしまうことがあります。そのような時に，「だれが声を掛けるのか」「どのように声を掛けるのか」「つないだ手を通して動きの修正をどのように伝えるのか」など，さまざまな解決方法を子供たち自らが考えることに，この競技の魅力があります。他者の気持ちに寄り添うための発問もポイントになります。

（石坂　晋之介）

⑱ 4WD（四人四脚）

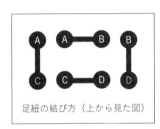

足紐の結び方（上から見た図）

▶ 1 流れとルール

❶ 4人1組となって前後左右に足紐を結びリレーをする。

❷ コーンやマーカーを折り返して戻ってくる。

❸ 前の4人組が戻ってきて，スタートラインを越えたら次の4人組がスタートする。

❹ 先にゴールしたチームの勝ちとなる。

場の設定図

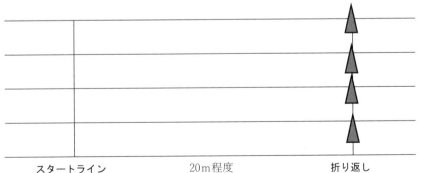

スタートライン　　　　20m程度　　　　折り返し

人数，所要時間：1チーム16人で1レース6〜8分ほど

およその指導時間：4時間扱い

準備物：足紐，カラーコーン

▶2　指導のポイント

❶　4人で速く走るための工夫

　二人三脚とムカデ競走を組み合わせた競技です。4人で足の動かし方を決めたりタイミングを合わせたりすることでより速く移動することができます。外側の足と内側の足を4人でどの順番に動かすのか，どのぐらい前へ動かすのか，足を動かす速さはどうするのか，教員は子供たちが試行錯誤できる時間をとりましょう。足を動かす速さは始めゆっくり，徐々に速くというように段階を踏んでいけるとよいですね。また，左右で肩を組んだり，後ろの人が前の人の肩に手を置いたりして4人の距離が一定になるようにすると移動がしやすいです。

❷　安全に競技を行うための工夫

　足紐はハチマキのような布製の紐でもよいですが，運動会用品として販売もされているので安全性を考慮して選びましょう。ハチマキなど，手作りの用具を使用する際には内側の足は左右が一体となるようにしましょう。また，入れ替えについては自分たちから見て，右側一方通行を指導し，走り抜ける方向を決めておくことで，正面での衝突を防ぎます。

　転倒してしまったときのことを想定しておくことも必要です。倒れたときにとっさに手をつけるよう，慣れるまではあえて肩を組まずに歩くことから始めましょう。4人が倒れてしまった状態からどのように立ち上がるのか練習をすることも大事です。状況によっては，一度足紐をほどいて立ち上がり，再び足紐を結んでもよいでしょう。

（浅間　聖也）

19　キャタピラレース

 1　流れとルール

❶　1人または2人で1機のキャタピラに入る。

❷　キャタピラまたはタスキがリレーのバトン替わりになる。

❸　ハイハイをしながらキャタピラを前に進める。

❹　一番早くゴールしたチームの勝利となる。

場の設定図

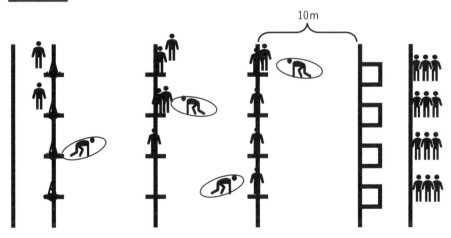

10m

人数，所要時間：1チーム6人で1レース10分ほど

およその指導時間：3時間扱い

準備物：キャタピラ（チーム数分，予備も複数必要），カラーコーン

▶2　指導のポイント

❶　キャタピラレースについて

キャタピラレースはキャタピラ（段ボール製または専用教具）に入りハイハイをしながらキャタピラを前移動する競技です。キャタピラが大きい場合は2人で入ることも可能です。

❷　キャタピラレースのポイント

キャタピラレースに勝利するためのポイントは1つです。それは，まっすぐ進むことです。キャタピラの中に入ってしまうと方向感覚が掴めず（競技の面白さでもあります）斜めに進んでしまいます。乗り込む際にキャタピラの進行方向を確認すること，キャタピラの真ん中に一本線があることをイメージして進むとよいでしょう。

実際にキャタピラに入ってみると分かりますが，ハイハイで10m進むのはなかなか難しいもの。またコーナーを曲がることも難しいため，直線コースで行うとよいでしょう。

❸　競技を通して学級のまとまりを高める

制作の段階から子供たちと共に行うことで，クラスのトレードマークを描いた色鮮やかなキャタピラが校庭に並ぶのもクラスが楽しいですね。段ボールで制作する場会は強力なテープを使うことと，必ず予備機を用意するようにしてください。

（中嶋　圭一郎）

20 宝運び（フライシート）リレー

1　流れとルール

❶　４人１組でお宝に見立てたボールを運ぶ。

❷　お宝を運ぶ布とお宝がバトン替わりになる。

❸　お宝が落ちないように，障害物を通り抜けて走る。

❹　一番早くゴールしたチームの勝利となる。

場の設定図

30m

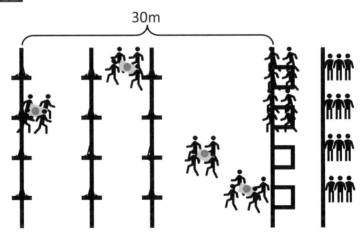

> 人数，所要時間：1チーム20人で1レース6〜8分ほど
>
> およその指導時間：3時間扱い
>
> 準備物：お宝（ボール等），大きな布（100cm四方），カラーコーン

2 ▶ 指導のポイント

❶ 宝運び（フライシート）リレーについて

宝運び（フライシート）リレーは宝（ボール等）が落ちないよう4人組で協力して移動する競技です。宝が落ちないようにどうしたら素早くできるか，障害物をどうすれば素早く移動できるか考えながら運動ができるとよいですね。

❷ 宝運び（フライシート）リレーのポイント

宝運びリレーに勝利するためのポイントは2つあります。

1つ目は4人の走るペースを合わせることです。ペースが崩れてしまうと布が広がってしまいお宝が落ちてしまいます。4人1組のチーム内の走力も合わせる必要があります。

2つ目はチーム内の並び順です。前方2人に走力の高い児童を配置しましょう。走力の高い児童を後方にしまうと，チーム内で距離が近くなりすぎて転倒してしまう可能性があります。

❸ 種目の発展について

この競技は低学年から楽しむことができます。直線コースの中にもジグザクで走ったり，折り返しで一周したりするなどし，障害物を置きコースをアレンジすると難易度が上がり楽しめます。

（中嶋 圭一郎）

類 型

集団リレー型

対 象

小学校

Chapter2 運動会の団体競技種目50　73

21 蛇の皮むき

 1 流れとルール

❶ スタート地点でチーム毎に縦一列に並び，後ろの人は前の人のベルトを掴み，指定地点の折り返しコーンを目指して走る。

❷ 先頭の人が指定地点に着いたら最後尾の人から順番に後ろに倒れ込むように仰向けで寝転がっていく。

❸ 先頭だった人まで全員が寝転べたら，先頭だった人から順番に立ち上がり元に戻って前に進み，コーンを折り返す。

❹ 前のチームが戻ってきて，スタートラインを越えたら次のチームがスタートする。

❺ 一番早くゴールしたチームの勝利となる。

場の設定図

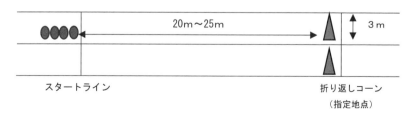

20m～25m　　　3m

スタートライン　　　折り返しコーン
（指定地点）

74

人数，所要時間：1チーム5〜6人，クラス対抗で1レース10分ほど

およその指導時間：3時間扱い

準備物：ベルトや紐などの腰に巻けるもの，カラーコーン

2 ▶ 指導のポイント

❶ タイミングを合わせる

　蛇の皮むきは，チームの息が合っていないと素早く動くことができず，勝利することができない競技です。全員で声を掛け合い，走る歩幅を合わせることが大切です。また声を掛け合うことで互いの状態を確認しながら行うことができ，けがの防止にもつながります。

❷ ベルトや紐の扱い方について

　前の人の腰のベルト（紐）を終始離さないことです。全員がベルトを持ってしっかりとつながっていることで，寝る動きの時も起き上がっていく動きの時も連鎖しやすいです。特に起き上がるときは思わず手が離れてしまいそうになるかもしれませんが，力強くベルトを掴むことが大切です。

❸ 歩き方について

　前にいる人とできるだけぎっちりとくっつくことです。最初は歩きにくいとか，足を踏まれそう，と感じるかもしれませんが何度も練習するうちにぎっちりとくっついて歩く感覚に慣れていきます。

　3つのポイントを単元前半で知識として提示することで子供たちは休み時間などを使って自分たちで声を掛け合い，クラスで1つになって練習するようになります。チーム一丸となることが勝利するための重要なポイントです。

（長谷部　佑太）

２人縄跳びラン

▶ 1　流れとルール

❶　１人１本短縄を持ち２人１組となって全員が縄跳びランリレーをする。

❷　コーンを折り返して戻る（小学校はスラロームではなく，ストレート）。

❸　全チームが走り終えるまでコースの往復を繰り返す。

❹　先にゴールしたチームの勝ちとなる。

場の設定図

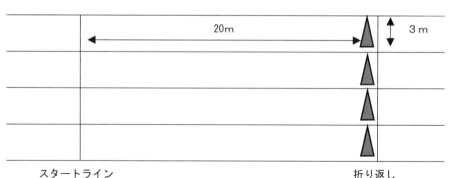

> 人数，所要時間：1チーム20人くらいで1レース10分ほど
>
> およその指導時間：4時間扱い
>
> 準備物：短縄，カラーコーン

▶2　指導のポイント

❶　短縄の扱い，走り方のポイント

2人縄跳びランは，短縄を上手に扱えるかどうかが勝敗を分けるポイントになります。短縄を回す際に，お互いの位置を確認して走りやすい距離を調節することです。

❷　折り返す時のポイント

お互いに，ロープの回旋のタイミングに合わせて跳ぶことです。特にカラーコーンを回るときがポイントです。外側を回る子が内側を回る子に合わせるように進むとスムーズにコーンを回れます。

❸　タイミングを合わすポイント

スタート，折り返し，次のペアと交代する際，スムーズに行うことで勝利につながります。そのためにタイミングを合わす声掛けをすることがポイントです。

上述した3つのポイントを単元前半に教員が意識して声掛けをしていくことで，子供たちが試行錯誤しながら練習し，単元後半にかけてどのチームも徐々に上達していきます。

（長谷部　佑太）

23 割り箸リレー

 1　流れとルール

❶　2人1組で割り箸の両端をお互いの人差し指で挟み，割り箸を落とさないようにリレーをする。

❷　コーンやマーカーを折り返して戻ってくる。

❸　スタート位置に戻ったら次の走者に割り箸をバトンタッチする。

❹　先にゴールしたチームの勝ちとなる。

場の設定図

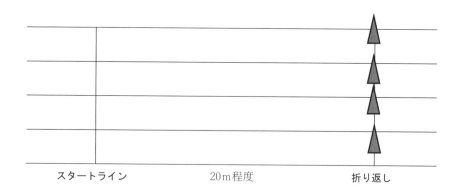

スタートライン　　　　　　　　20m程度　　　　　　　　折り返し

人数，所要時間：1チーム10人で1レース2〜3分ほど

およその指導時間：4時間扱い

準備物：割り箸のような細い棒，カラーコーン

▶ 2 指導のポイント

❶ 割り箸を落とさず，速く走るための工夫

　この競技は，ペアで協力することが必要不可欠です。自分自身のことだけではなく相手の状態に気付き，相手の動きに合わせたりすることが求められます。そのため，単元や授業のはじめにペアで自分や相手の体の状態に気付けるよう，体ほぐしの運動を取り入れてみてもよいですね。

　割り箸の両端を人差し指で挟む際，力を入れすぎると，相手の指が痛くなってしまいます。力の入れ具合をペアで見付けられるようにしましょう。また，指の爪に近い先端ではなく，指の腹の部分に割り箸を当てて挟むようにすると落とさずに上手く移動できるようになります。

❷ 競技を盛り上げるための工夫

　直線のみの移動だと比較的簡単にできてしまうので，コースや人数，教具の工夫をすると，難易度が上がり，最後まで勝負が分からなくなります。コースの工夫では，カラーコーンをコースにいくつか置いてジグザグに移動したり，ゴム紐を高跳びの支柱2本で地面と平行に設置し，その下をくぐって移動したりする工夫があります。人数の工夫では，2人ではなく3人，4人と人数を増やしていく工夫があります。教具の工夫では，割り箸ではなく菜箸のような長い棒にしてみたり，棒を1本ではなく2本にして，両手で挟みながら移動したりするなどの工夫があります。競技を行う子供たちの実態に合わせて，安全面を第一に考えながらコースや教具の工夫をしてみてください。

（浅間　聖也）

㉔ ２人縄跳びリレー

▐ 1　流れとルール

❶　２人１組となって，１本の縄跳びを２人で跳びながら進む。

❷　コーンの間をスラロームしながら進み，次の人へつなげる。

❸　スタートラインに戻ってきたら，向かい合いその場で５回跳び交代する。

❹　チームでアンカーまでつなぎ，早くスタートラインに戻ってきたチームの勝利。

❺　走行中に引っかかってしまった場合は，失敗した地点まで戻り再開する。

※　最終走者のみゴールラインを駆け抜けて終了にすると，着順判定がより分かりやすくなる。

場の設定図

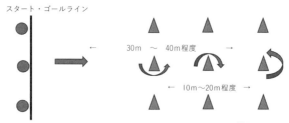

スタート・ゴールライン

← 　30m　〜　40m程度　 →

← 10m〜20m程度 →

折り返しコーン

人数，所要時間：1チーム14人くらいで1レース5分ほど

およその指導時間：3時間扱い

準備物：短縄，ビブス，カラーコーン

類　型

集団リレー型

2　指導のポイント

❶　難易度の調整

タイミングを合わせることが難しいので，事前によく練習しておく必要があります。2人の間は手をつなぎ走りますが，バトンを挟んで手をつないだり，肩を組んだりすると難易度が高まります。交代の際の跳び方を後ろ跳びや，二重跳び等に変更すると難易度がさらに高まります。

❷　走り方について

このレースのポイントはコーンの回り方です。内側に入る子が徐々にスピードを落とし，その場でステップを踏みながら外側を回る子に合わせるように進むとスムーズにコーンを回れます。練習をする際はカーブを多く練習することで全体のスピードが上がっていきます。

対　象

中学校

❸　ペアの組み方

2人が1つの縄を走りながら跳ぶので，足の速い子と遅い子がペアになってしまうとスピードの差によりうまく跳べません。同じくらいの走力でペアを組む方が跳びやすく勝利に近づきます。

❹　短縄について

用具によって跳ぶ感覚が大きく異なってしまうため，縄の長さや太さを統一することが重要です。クラスに1つずつ配布し練習から本番まで同じ縄で実施できるようにしてください。

（鈴木　文彬）

25 バウンドラン

 流れとルール

❶　２人１組となって２個のバスケットボールをドリブルする。

❷　コーンの間をスラロームしながら進み，次の人へつなぐ。

❸　チームでアンカーまでつなぎ，早くスタートラインに戻ってきたチーム
　の勝利。

場の設定図

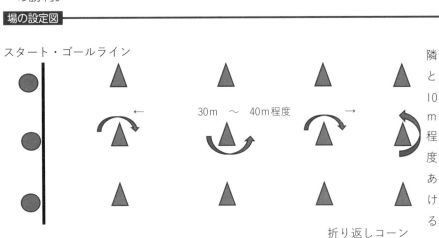

> 人数，所要時間：1チーム14人くらいで1レース5分ほど
> およその指導時間：3時間扱い
> 準備物：バスケットボール，ビブス，カラーコーン

2 ▶ 指導のポイント

❶ 難易度の調整

　2人の間は①手をつなぐ②バトンを持つ③肩を組むのように条件を変更することで，難易度の調整ができます。どちらか1人は左手でドリブルをすることになるので，ペアで協力することや練習の必要性が高まります。

❷ バスケットボールについて

　中学校で主に使用するバスケットボールは男子用が7号，女子用が6号と大きさが異なります。またボールは空気圧によって弾み方が全く異なってしまうので，事前に確認し適切に使用してください。

❸ ドリブルについて

　ドリブルするときは，腰を低くし重心を低くしましょう。また慣れてきたら視線はボールではなく走る方向に向け，ボールを強くつきながら進んでいきましょう。

❹ ルールに関する指導

　交代の際は，スタートラインを越えてから次の人にボールを渡すことを指導することで公平に競技を進められます。途中でドリブルに失敗し，ボールが転がってしまった場合は，失敗した地点まで戻り，ドリブルを再開します。また，ボールが転がっていく可能性があるので，極力隣のチームとの距離を空けて（10m 空けると安全）コースを設定しておくと安全に進められます。

（鈴木　文彬）

26 パンチでゴーゴーゴー （だるま運びリレー）

1 ▶ 流れとルール

❶　2人1組で前後になって台をもち，その上にパンチファイター（ビニール製の起き上がりこぼし）を乗せ，落とさないようにリレーをする。

❷　コーンやマーカーを折り返して戻ってくる。

❸　スタート位置に戻ったら次の走者に台とパンチファイターをバトンタッチする。

❹　パンチファイターを落とした場合は，パンチファイターの落ちている場所まで台を移動した後，台に乗せ，その場から再スタートする。

❺　先にゴールしたチームの勝ちとなる。

場の設定図

スタートライン　　　　　20m程度　　　　　折り返し

> **人数，所要時間**：1チーム10人で1レース2〜3分ほど
> **およその指導時間**：4時間扱い
> **準備物**：台，パンチファイター（ビニール製の起き上がりこぼし），ゴムマット，カラー
> 　　　　コーン

類型

集団リレー型

2 🚩 指導のポイント

❶ パンチファイターの運び方の工夫

　パンチファイターを落とさず速く移動するにはどうすればよいか，考えながら運動ができるとよいですね。前の人は台が動かないように脇を締めて走ったり，後ろの人は台を少し持ち上げて走ったりすると，パンチファイターを安定して運ぶことができます。カラーコーンを回る際には，少しスピードを緩め，後ろの人が台の傾きを調整しながら走る必要があります。

❷ スムーズな引継ぎのための工夫

　素早く確実にパンチファイターを引き継ぐためには，前後のペア同士で台とパンチファイターを左右どちらに置いて引き継ぐのか決めておくとよいでしょう。また，地面（ゴムマット）に置く際にパンチファイターがずれてしまう場合があるので，次のペアの人はパンチファイターを安定した状態に直してから走り始めるとよいでしょう。

対象

小学校

❸ 失敗してしまった後の工夫

　この競技はパンチファイターという不安定な教具を台に乗せ運ぶので，パンチファイターが地面に落ちてしまうという失敗がつきものです。そのため，いかに早くパンチファイターを直し，再び走り始めるかがポイントになってきます。パンチファイターが落ちた際に，後ろの人が前の人に声を掛け，素早く台を落ちた場所まで移動する練習を繰り返し行いましょう。台を持ち上げる際にも，ペアでタイミングを合わせるために「せーの」などという声を掛け合えるとよいですね。

（浅間　聖也）

27 かごや

1 流れとルール

❶ 3人1組で2人で1本の棒を持ち，その棒にもう1人がぶら下がる。
　（棒の持ち方やぶら下がり方については，基本的に自由）

❷ コーンやマーカーを折り返して戻ってくる。

❸ スタート位置に戻ったら次の3人組に棒を受渡す。

❹ 先にゴールしたチームの勝ちとなる。

場の設定図

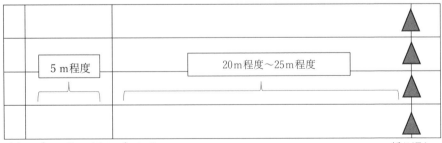

5m程度　　　　　20m程度〜25m程度

バトンゾーンS　バトンゾーンG　　　　　　　　　　　　折り返し

人数，所要時間：1チーム30人くらいで1レース6〜8分ほど

およその指導時間：4時間扱い

準備物：2m〜3m程度の長さの棒（ものほし竿等，強度のある棒），カラーコーン

2 ▶ 指導のポイント

❶ 安全を確保した上で，行い方は子供が選択

かごやは練習段階で「どうすれば速く走ることができるのか」について子供たち同士で話し合ったり，試したりして解決を見出そうとする姿が期待されます。

例えば，ぶら下がり方はどのような方法がよいか，棒の長さとぶら下がる子の特徴などから，さまざまな意見を出し合い決定するとよいでしょう。ただし，転倒したり，落下したりすると危険であることから「頭が腰より低くならないぶら下がり方」を約束として提示しておくとよいでしょう。

他にも「棒を持つ向きは縦向きか横向きか」「どのような3人組を作るべきか」等，子供たち同士で課題を発見し，解決しようとする姿が期待されます。

❷ 互いの個性を尊重

留意点として，3人組を作る際や実際に練習している時に個人の体格に話題がいってしまうことがあります（○○さんは背が小さいから，など）。そのような個人の身体的特徴について触れないように，事前に指導しておくことも大切です。

（石坂　晋之介）

28 大玉リレー

 1　流れとルール

❶　２人１組となって大玉を転がしリレーをする。

❷　コーンを折り返して戻ってくる。

❸　ゴールと同時に次のチームに大玉を受渡す。全チームが走り終えるまで
　　コースの往復を繰り返す。

❹　先にゴールしたチームの勝ちとなる。

場の設定図

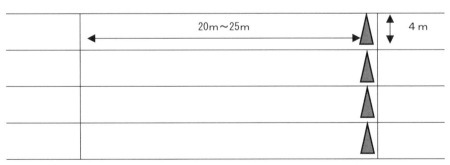

人数，所要時間：1チーム20人くらいで1レース10分ほど

およその指導時間：3時間扱い

準備物：大玉，カラーコーン

2 ▶ 指導のポイント

❶ 大玉の押し方

　大玉リレーは，大玉を上手に扱えるかどうかが勝敗を分けるポイントになります。走力の高さよりも大玉を正確に転がすことが大事になるので，可能な場合には事前にしっかりと練習しておくことが大切です。大玉を転がす際には，大玉を突き放す距離を調節することが大事になります。直線距離が長い場合には遠くに突き放し，短い場合には少しずつ慎重に突き放すことがポイントです。

❷ 大玉の受渡し方

　次の走者に渡す際は慎重に渡すことも大切なポイントになります。受渡す際は「せ〜の！」等の掛け声を掛け合って受渡すなどタイミングを合わせていくことがポイントです。声を掛け合うことでけがの防止にもつながります。

　教員が上述のようなポイントを意識して声掛けをしていくことで，子供たちがその言葉をまねて互いに声を掛け合って徐々に上達していきます。

　大玉リレーを行うことで技能はもちろんですが，チームワークや他者を思いやる気持ちなども育まれていきます。

（長谷部　佑太）

29 騎馬リレー

 流れとルール

❶　4人1組で騎馬を組む。4人組の体格の組み合わせ例として「大・中・中・小」が望ましい。「大」の子が騎馬の先頭の馬，「中」の2人が左右の馬，「小」の子が上に乗る（騎馬の組み方は，イラスト参照）。左右の馬が手を交差する組み方もあるが，転倒した時のことを考慮し，交差しない組み方になっている。

❷　騎馬がカラーコーンを回る折り返しリレーで順位を競う。

❸　バトンタッチの際に，騎馬同士が接触しないよう，スタートライン手前（5m程度）で騎馬を崩してから，手タッチまたはリングバトンなどを使ってバトンパスをする。

場の設定図

スタートライン　騎馬を崩すライン　　　　　　　　　　　　　折り返し

人数，所要時間：1チーム30人くらいで1レース6〜8分ほど

およその指導時間：4時間扱い

準備物：カラーコーン，リングバトン（必要であれば）

2 指導のポイント

❶ 安全面の確保

騎馬リレーを行うにあたり，以下の約束を共有します。

・上に乗っている子は先頭の子の肩に手を置き，肘を伸ばして乗る。
なお，左右の馬の子の腕には座り込まず，負荷をかけないように乗る。

・先頭の馬の子は，立ち上がる時は，胸を張るようにして立ち上がる。

・左右の馬の子は，「崩れる」と思ったら，「下ろすよ」と叫んで，先頭の子の肩に乗せている手をまず外す。上の子はなるべく体重を先頭の馬の子にかけ，足から地面に下りられるようにする。

❷ 互いの個性を尊重し合う学習機会

騎馬リレーは，体格が大きく，走ることがやや苦手な子も騎馬として活躍できるよさがあります。4人それぞれがお互いの個性を尊重しながら，楽しく競い合うことを重視して指導するとよいでしょう。

また，騎馬リレーは，「お互いにけがをしないようにどのような動きや声掛けをするべきか」について，真剣に学習できる機会となります。上に乗る人は下の人のことを思いやって乗り，下の子は上の子を絶対に落とさないという気持ちで支えることが大切です。勝ち負けを競い合う中で，このような貴重な体験をまさに「身をもって」体験できる種目となります。

(石坂　晋之介)

30 カウボーイ

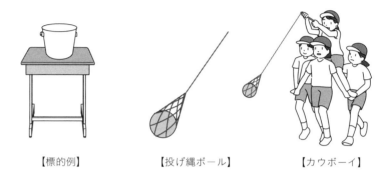

【標的例】　　　　　【投げ縄ボール】　　　　　【カウボーイ】

 流れとルール

❶　４人１組で騎馬を組む（騎馬の組み方についての詳細は p.90「騎馬リレー」を参照）。

❷　投げ縄の先端にボールを入れたネットを取り付ける（投げ縄ボール）。投げ縄ボールは騎馬に乗る子が持つ。

❸　騎馬がアタックエリアまで進んだら，長机等に置いてある標的（バケツなど）を倒して戻ってくる。

❹　投げ縄ボールをバトンに見立て，折り返しリレー形式とし，順位を競い合う。

場の設定図

5ｍ程度　　　　　　　25ｍ程度〜30ｍ程度

スタートライン　　折り返し後騎馬を崩すライン　　　　　　　　　　アタックエリア

人数，所要時間：１チーム30人くらいで１レース６〜８分ほど

およその指導時間：４時間扱い

準備物：カラーコーン，投げ縄ボール，標的（バケツなど）

2 ▶ 指導のポイント

❶ 安全面の確保

　安全面についてはまず「騎馬が崩れること」が懸念されます。騎馬が崩れることについては，騎馬の崩し方について事前に確認しておくとよいでしょう（「騎馬リレー」p.91参照）。特に左右の騎馬の子が，先頭の子の肩にかけている手を早めに離す練習を事前に練習しておくとよいでしょう。

　次に「投げ縄ボールが騎馬の子に当たってしまうこと」についても懸念されます。投げ縄ボールの操作については，慌てて縄を引っ張ったり，グルグル縄を勢いよく回しすぎたりすると，騎馬の子がけがをしてしまう恐れがあります。まずは安全に行うための練習時間を確保する計画がよいでしょう。

❷ 競技を支える運営面に関する考えの共有

　競技を説明した後に「どこにどのような当番を置くと，競技をスムーズに進行できるか」と子供たちに投げかけます。

　「バケツ（標的）を机の上にもどす人がいるとよい」

　「騎馬が崩れないように後ろから支える人がいてもよい」

　他にも競技を進める上で，必要な当番について，意見が出るかもしれません。

　競技の勝敗にこだわるだけでなく，競技を支える役割にも焦点を当てて活動することにより，運動を「する」だけなく「支える」学習機会となることでしょう。

（石坂　晋之介）

31 長縄跳び（みんなでジャンプ）

1 流れとルール

❶ 全員が跳んだ時点からカウントを開始する。

❷ 時間内（5〜7分）で，時間内であれば何度でもチャレンジできる。

❸ 競技終了時点で，跳び続けているチームは，そのまま継続してよい。

❹ 時間内での，連続最高記録をそのチームの記録とする。

❺ 回し手は，途中交代してもよい。

場の設定図

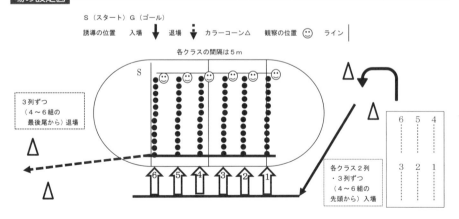

> 人数, 所要時間：1チーム1学級の人数で5〜7分ほど
> およその指導時間：8時間扱い（体つくり運動の単元の一部で実施）
> 準備物：長縄, カラーコーン

2 ▶ 指導のポイント

❶ 回し手の人選, 回し手の技能の大切さ

重い長縄を一定のリズムで回し続けることはとても体力が必要になります。また, 縄の勢いで回し手が移動してしまうこともあります。クラス内でも比較的, 体格に恵まれている子を回し手に選びましょう。数名の立候補者に縄回しを経験してもらいながらクラスの実態に合う回し手を選出しましょう。回し手の1人は軸になるようにして, もう1人が体を大きく使って縄を回すと縄が安定するでしょう。

類 型　一斉対戦型

❷ 跳躍のコツ, 並び方の工夫

2列で回し手から中心に向かって段々と背の高い子が並ぶようにします。中心から近い回し手の方向に体を向けます。縄は回し手に近いほど地面から高い位置を通過するため, 跳躍の得意な小柄な子が回し手に近い位置を跳ぶようにしましょう。また, 外側より内側は縄が見えにくく, 縄も遅れてくるため, 引っ掛かりやすくなります。内側には得意な子を配置しましょう。かかとがお尻につくように跳ぶと引っ掛かりにくくなります。

対 象　中学校

❸ クラスの団結を深める, 声の掛け方の工夫

跳ぶ前には, 「いくよー！」と声を掛け, みんなで「せーの！」「1！2！3！……」と大きな声を出しましょう。クラス独自の声掛けを作っても楽しいです。引っかかってしまったときには「ドンマイ!!」と声を掛け, すぐに列を整えて跳び始める準備をしましょう。

（鈴木　陽介・阿部　健作）

32 8の字跳び

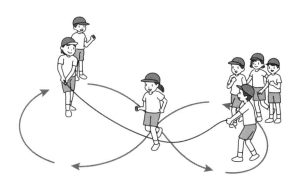

1 流れとルール

❶ 1人目が跳んだ時点からカウントを開始する。

❷ 時間内（3〜5分）で，何回チャレンジしてもOKとする。

❸ 競技終了時点で，跳び続けているチームも競技を終了する。

❹ 競技時間内での，合計記録をそのチームの記録とする。

❺ 学級を2チームに分ける場合は2チームの合計とする。

❻ 低学年に関しては教員が回し手を行ってもよいこととする。

場の設定図

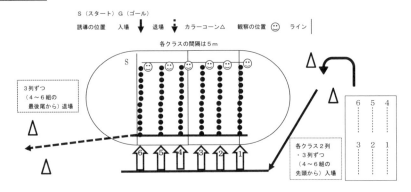

> 人数，所要時間：1チーム1学級の人数または1学級の半分で3〜5分ほど
> およその指導時間：4時間扱い
> 準備物：長縄

2 ▶ 指導のポイント

❶ 回し手のコツ

　一定のリズムで縄を回しますが，縄が下に来た時には素早く回すイメージをもって，跳躍をアシストしてあげましょう。ひじの位置を固定し，手首を使って回すことで，縄が安定し，素早く回すことができます。慣れてきたら，跳躍者の邪魔にならないように，跳躍者が入るとき，出るときの状況に応じて近い足を少し引き，体を斜めにしてあげましょう。

類型　一斉対戦型

❷ 跳躍のコツ

　1列で真っ直ぐ並びましょう。回し手の近くから縄の中心が地面につくところを目掛けて最短距離で移動しましょう。片足で跳んで片足で着地することで，スムーズに跳ぶことができます。跳び終えた後も回し手の近くを抜けていくようにしましょう。跳ぶときの姿勢は頭を丸くして，ひじを曲げて腕が体につくようにしましょう。ペースが掴めない練習当初は間隔を狭くしてタイミングをとって跳んでいきましょう。慣れてきたら一定の間隔を保ち，スピードをつけて跳んでいけるようにしましょう。

対象　小学校

❸ クラスの団結を深める工夫

　縄のリズムに合わせて，全員で「はいっ！」の声を掛けてテンポよく跳べるようにしましょう。スピードが出てくるとタイミングがとれずに止まってしまったり，引っ掛かってしまう子がでてきます。上手に跳べる子が前後に並び，アシストしてあげましょう。

（鈴木　陽介）

33 瓢箪（ひょうたん）跳び

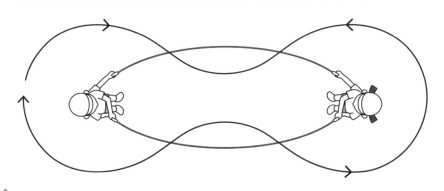

 1 流れとルール

❶ １人目が跳んだ時点からカウントを開始する。

❷ 時間内（３～５分）で，何回チャレンジしてもOKとする。

❸ 競技終了時点で，跳び続けているチームも競技を終了する。

❹ 競技時間内での，合計記録をそのチームの記録とする。

❺ 学級を２チームに分ける場合は２チームの合計とする。

❻ 高学年では同時瓢箪跳び（むかえ跳びとかぶり跳びを同時に跳ぶ）で同
　　時に跳んだ回数で競うこともできる。

場の設定図

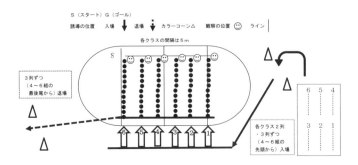

> 人数，所要時間：1チーム1学級の人数または1学級の半分で3〜5分ほど
> およその指導時間：4時間扱い
> 準備物：長縄

▷2　指導のポイント

❶　回し手のコツ

8の字跳びと回し手のコツは一緒ですが，8の字跳びより少し縄を長めにしてあげると跳びやすくなります。

❷　跳躍のコツ

跳び方のコツも8の字跳びとほとんど一緒ですが，大きな違いはむかえ縄とかぶり縄を交互に跳ぶことにあります。また，抜ける方向が同じ方向になります。跳び始める前に縄の見え方の違いを観察し，縄に入るタイミングで声を出していきましょう。実際に跳ぶときには，最初はどちらかの跳び方だけを中心にして，タイミングや抜け方を学んでいきましょう。難しい場合には線を書いたり，目印を置いたりして抜ける方向を明確にしてあげましょう。跳ぶ位置は，8の字跳びでは回し手2人の直線上の中心で跳んでいましたが，瓢箪跳びではそこまで行くと抜けづらくなってしまうため，中心の外側で跳ぶようにしましょう。

❸　クラスの団結を深める工夫

8の字跳びよりレベルの高い跳び方になります。縄に入るタイミング，跳ぶ位置や抜け方など子供たちで積極的に声掛けをしていきましょう。また，レベルが上がったことでうまく跳べない子が出てくることも予想されます。子供同士で個別に練習するなどの工夫の時間を設けて，「できた」喜びを味わっていきましょう。

（鈴木　陽介）

34 竹取物語（棒引き）

印

自陣に引き込んだ棒の数を数えている場面

1　流れとルール

❶　それぞれのチームのスタートラインに立ち，センターラインに背を向け，気を付けの姿勢で準備をする。

❷　ピストルの合図で一斉に前を向いて，センターラインに置いてある竹の棒を自陣のスタートラインより奥に引き込む（竹の棒のセンターにある印を越えた部分を持って自陣に押したり引いたりしてはいけない）。

❸　相手の自陣のスタートラインまで引き込まれた竹の棒に触れない。

❹　終了のピストルの合図の際，引き込んだ棒の数が多い方のチームが勝ちとなる。

場の設定図

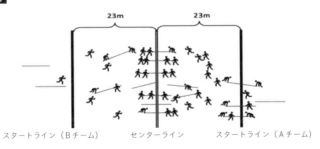

23m　　　　23m

スタートライン（Bチーム）　　センターライン　　スタートライン（Aチーム）

> **人数，所要時間**：1学年（紅白2チーム）で1競技3〜5分ほど
> （2回戦／1対1になった場合のみ3回戦を行う）
>
> **およその指導時間**：5時間扱い（各学級にて1時間程度）
>
> **準備物**：竹の棒（1チームの人数の3分の1程度の本数）

2　指導のポイント

❶　ルールの厳守

　敵味方が入り混じって競技が行われるため，棒を急に離したり相手側に押
したりなどの危険行為について行わないよう注意を入れておくことが大変重要になります。勝敗を受け入れたり，場や用具の安全に気を付けたりすることも重要になってきます。勝敗に関わらず，相手の得点に対して拍手を送るような指導を心がけましょう。

❷　チーム内での作戦

　チームのメンバー内で足の速い人・棒を引く力の強い人などの特性を活かして競技できるようにしましょう。単独で動く人や2人組・3人組で動くなどチームで独自の作戦を立てて戦うようにしましょう。何度か繰り返し練習していく中で，相手の作戦に対応した工夫なども子供自ら考えられるようにしていくとよいでしょう。

（兒玉　直也）

類　型 一斉対戦型　　**対　象** 小学校高学年・中学校

35 綱引き

▶1 流れとルール

❶　地面に置いてある綱を審判の合図に従って引く。

❷　お尻を地面につけないようにする。

❸　綱に印した相手のホワイトマークを 2 m ラインまで引き込んだら勝ち
となる（発達の段階に応じて，制限時間を設け自陣に綱を引き込み優勢で
いるチームを勝ちとする等の工夫も可）。

場の設定図

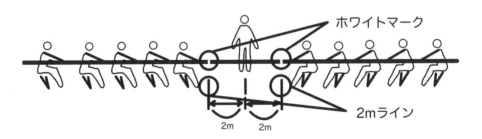

ホワイトマーク

2mライン

2m　2m

人数，所要時間：1チーム8～30人で1競技3分ほど（2回戦行う）

およその指導時間：4時間扱い

準備物：綱（競技人数に応じて長さを調整）

2 ▸ 指導のポイント

❶ 勝負を楽しめるようにするための工夫

「並び方」を考えたり，チームで綱を引く際の「掛け声」を決めたりすることも重要です。チームで力を合わせて協力できる競技です。チーム力を高めるためにも，話合いの機会を取りましょう。練習中に綱を引いている子供たちの様子を，タブレット型端末等で撮って見る時間を設定しましょう。綱を引く時の姿勢や力を合わせるタイミングなどの理解が進み，話合いもスムースになるでしょう。

❷ 公正公平なルールを適用する

運動場の高低差や地面の状態にも大きく勝敗が左右されます。公正公平に競技するという観点から，陣地を入れ替えて2回戦行うとよいでしょう。勝敗が決まらない場合は，「引き分け」扱いにするか，「3回戦」を実施し，くじ引き等で陣地を決めるなどの工夫が必要になってきます。

雨上がりの運動場の様子を見て，水たまりが最後まで残りやすい部分は，地面が低くなっている可能性があります。土を入れて高低差をなくすよう日頃から整備していくことも必要になってきます。

（兒玉　直也）

類 型
一斉対戦型

対 象
小学校

対 象
中学校

36 劇空間綱引き

 1　流れとルール

❶　それぞれのチームのスタートラインに立ちピストルの合図で，綱に向かって走り出す。

❷　綱に到着したら自陣に引く（お尻を地面につけないようにする）。
制限時間を設け自陣に綱を引き込んでいるチームが勝ちとなる。

場の設定図

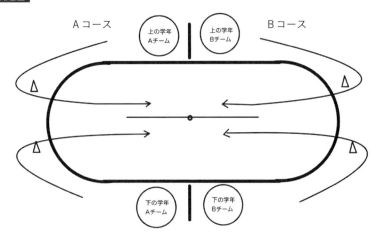

人数，所要時間：1チーム8〜30人で1競技3分ほど（2回戦行う）

およその指導時間：4時間扱い

準備物：綱（競技人数に応じて長さを調整）

2 ▶ 指導のポイント

❶ 勝負を楽しめるようにするための工夫

スタートする際の「並び方」を考えたり，上の学年が綱の中央部まで走っていくなどの約束事を考えたりするとよいでしょう。また，綱を引く際の「掛け声」を決めることも重要です。チームで力を合わせて協力できる競技です。チーム力を高めるためにも，話合いの機会を多く取りましょう。練習中に競技している時の様子を，タブレット型端末等で撮って見る時間を設定しましょう。客観的にチームの課題がわかり，話合いもスムースになるでしょう。

類型 一斉対戦型

❷ 競技を盛り上げるためのひと工夫

制限時間を設けて競技が行われます。BGMを流すことで競技を盛り上げます。BGMの中には，スタートのピストルの合図・終了のピストルの合図をあらかじめ録音して入れておくのも効果的です。練習からそのBGMで競技することで，子供も終了までの時間が分かった状態となり，力を出し切ることでしょう。

対象 小学校

（兒玉　直也）

37 十字綱引き

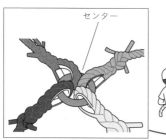

センター

1 流れとルール

❶ 綱を持って構え，ピストルの合図で綱を自陣に引く（四方向に分かれた綱を引き合う／お尻を地面につけないようにする）。

❷ チームの最後尾にいる人が自陣にある風船を踏みつけ，割った順番で順位が決まる。

場の設定図

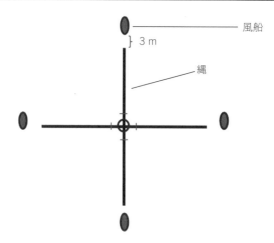

風船

} 3 m

縄

人数，所要時間：1チーム5〜10人で1競技2分ほど

およその指導時間：4時間扱い

準備物：綱（十字綱引き用），風船

2 ▶ 指導のポイント

❶ 駆け引きを楽しむ

この競技の難しいところや面白いところは，強く引っ張るだけでは勝つことが難しい点にあります。他のチームが引く力を利用することも重要になってきます。練習を繰り返していくうちに，子供は自陣の風船に直線的に綱を引いてみたり，ずらして引いてみたりする駆け引きを楽しみ始めます。練習の場面では，対戦相手を変えながら競技の度に「振り返りの時間」を設けていくことが重要となってきます。

類　型

一斉対戦型

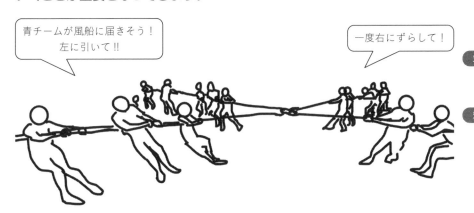

青チームが風船に届きそう！
左に引いて!!

一度右にずらして！

対　象　小学校

対　象　中学校

❷ 競い合う楽しさを味わう工夫（得点の工夫）

1位……5点／2位……3点／3位……2点／4位……1点

というような得点を設定し，総合得点で全体の結果発表を行うと大変盛り上がることでしょう。

（兒玉　直也）

38 騎馬戦（帽子・一騎打ち）

騎馬の組み方に
関しては，p.90参照

1 流れとルール

❶　スタートは2チームが向かい合う形で並ぶ。1騎あたり4人で構成し，3人が騎馬の土台となり，1人が騎手としてその上に乗る。

❷　ピストルの合図で，お互い騎馬を1騎ずつ場に出して，1対1で戦う。相手チームの騎手の帽子を取りに行く。

❸　チームの騎馬分の戦いを行い，最終的に勝った数が多いチームが勝者となる。

場の設定図

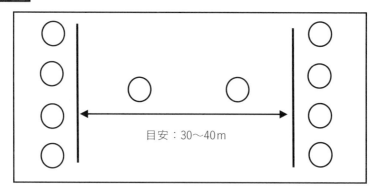

目安：30〜40m

人数，所要時間：1チーム4人（5騎馬ほど）で1競技1分×5騎馬ほど
およその指導時間：4時間扱い
準備物：紅白帽

2　指導のポイント

❶　競技の魅力

　騎馬戦は，その名の通り騎馬に乗った武士の戦いをモチーフにした競技です。力強く白熱した戦いが繰り広げられることが魅力です。また，一騎打ちにすることで，戦いに行く順番を決めるなど作戦を立てたり，応援したりなど，チーム一体となって取り組む面白さがあります。

❷　安全への配慮

　けがをしてしまってはせっかくの運動会が悲しい思い出になってしまいます。あらかじめ安全に配慮したルール作りをし，子供たちに徹底することが大切です。例えば，相手の身体を掴んではいけない（触れてよいのは帽子のみ），蹴ったり殴ったりしてはいけない（肩で押す程度に留める）などです。
　また，帽子を取れば勝ちというルールであることから，帽子は後ろにかぶる，ゴムひもはつけない，体当たりはしない，爪を切っておく，といったルールを提示することもできます。

❸　段階的な指導

　はじめは，姿勢を保つ練習から始めます。騎馬を組んだ状態で走ったり方向転換をしたりしながら，しっかりと姿勢を保てるように練習します。その後，実戦形式の練習を行い，攻撃のかわし方や反撃のタイミングを掴めるようにしていきましょう。

（佐藤　彩弥）

類型　一斉対戦型

対象　小学校

③⑨ 騎馬戦（崩し・総当たり戦）

 1　流れとルール

❶　スタートは2チームが向かい合う形で並ぶ。一騎あたり4人で構成し，3人が騎馬の土台となり，1人が騎手としてその上に乗る。

❷　ピストルの合図で，すべての騎馬が一斉に戦う。騎馬が崩れる（騎馬の前だけでおんぶしている状態，騎馬が1人でも外れてしまっている状態），もしくは，騎手が落下してしまったら，自陣に戻る。

❸　制限時間内に生き残った騎馬が多いチームを勝ちとする。

場の設定図

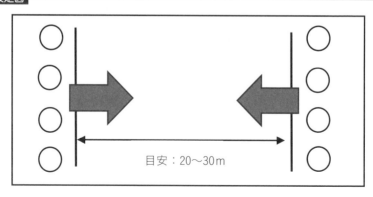

目安：20〜30m

> 人数，所要時間：1チーム4人で1競技3分×2回戦ほど
> およその指導時間：4時間扱い
> 準備物：はちまき

2 ▶ 指導のポイント

❶ ルールの工夫

　時間内に生き残った騎馬が多い方を勝利チームとしますが，騎馬にランク付け（大将は2騎分など）するなど，点数で競うこともできます。また，「川中島方式」として大将を先に倒した方が勝ちとするルールも考えられます。ルールを工夫することで，より作戦が大切な戦い方となり，チーム内での話し合いが活発になることが期待できます。

❷ 安全への配慮

　総当たり戦では，教員の目が行き届かないところが出る恐れがあるので，十分に注意が必要です。また，白熱しすぎてけがをすることがないよう，ルールを徹底しておくことが大切です。

❸ 作戦会議の充実

　騎馬戦を勝つためには，「どうしたら崩れにくい騎馬が組めるか」「どこから攻めるか（正面なのか，背後なのか，など）」「相手のどの騎馬を攻めるか」「一騎打ちなのか，複数で攻めに行くのか」などさまざまな作戦が考えられます。また，チーム内での役割（足の速い子で騎馬を作り相手をかく乱する，力強い騎馬は相手を崩しに行くなど）を決め，連携して戦うことで勝利をおさめやすくなります。中学校で取り扱う場合は，こうした頭脳戦を楽しめるよう，指導過程を工夫できるとよいでしょう。

（佐藤　彩弥）

40 棒倒し

 1　流れとルール

❶　1チームに対し1本，決められた位置に立て，防御メンバーの一部がこれを取り囲んで棒を安定させる。

❷　ピストルの合図で，攻撃メンバーは競技場内を移動し，相手チームの棒を倒しにかかる。

❸　先に相手チームの棒を倒したら勝ちとなる。

※　棒を倒す以外に，棒の先端に取り付けられた旗などを奪ったら勝ちとすることもできる（倒す方式よりも比較的安全）。

場の設定図

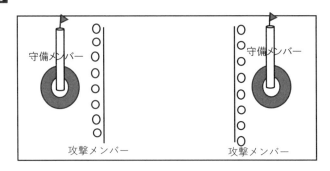

守備メンバー　　　　守備メンバー

攻撃メンバー　　　　攻撃メンバー

> 人数，所要時間：1チーム20人くらいで1競技3分×2回戦ほど
> およその指導時間：4時間扱い
> 準備物：棒（おおよそ3〜5m，よじ登れるほどの強度を持つものが望ましい）

2 ▶ 指導のポイント

❶ 安全への配慮

この競技の魅力は，なんといってもその迫力です。しかし，危険を伴う競技でもあるため，安全に取り組むサポートが大切です。相手の足を踏んでしまうこともあるため，裸足で行うことが望ましいです。また，ヘッドギアの装着がベストであり，参加者の手足の爪はきっちりと切っておきましょう。念には念を入れ，安全対策はしっかりと徹底しましょう。

また，審判も多めに配置して競技者から目を離さないことが必要です。人が倒れ込んだ場合は直ちに競技を中断するようにしましょう。

❷ 作戦会議の充実

パワーだけではない頭脳戦，戦略がカギを握るとても奥の深い競技です。チームの中で，「攻撃担当・守備担当」を分け，ポジション・役割分担を考えることが重要となります。攻撃は「守備の壁を破っていく人」「破られた壁を突き進んで棒までの道を作る人」「棒を攻める人」といった役割が考えられます。また，守備も「棒の方，内側を向いて棒を支える人」「外側を向いて棒の周りをしっかりと守る人」といった役割が考えられます。適材適所でポジショニングを考えたり，連携して攻撃・守備ができるよう作戦を練ったりする時間を充分にとることで，この競技の醍醐味を味わえるでしょう。

(佐藤　彩弥)

類　型
一斉対戦型

対　象
中学校

41 ダンシング玉入れ

 1　流れとルール

❶　ダンスを踊り，合図に合わせて玉入れを行う。

❷　ダンスと玉入れを数回繰り返す。

❸　最終的に入った玉の数で勝敗を決める。

場の設定図

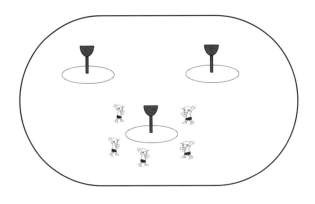

円の半径は，6 m程度
玉入れのかごを机の上に置く
ことで高さを高くするなどの
工夫をするとよいでしょう。

> 人数，所要時間：1チーム30人くらい（クラスの人数）で1レース競技3分ほど
> およその指導時間：5時間扱い
> 準備物：玉入れ用の玉，玉入れ用のかご

2 ▶ 指導のポイント

❶ ダンス

　軽快なリズムの音楽に乗って弾んで踊ったり，友達と調子を合わせたりして踊ることができるようにします。音楽として用いられるものは「チェッチェッコリ」や「たまごっち」「マツケンサンバⅡ」などがあげられます。玉入れの「勝敗」を学ぶことと異なり，表現運動系領域のリズム遊びの目標に沿って，運動遊びを行うことの楽しさを学べるようにしましょう。

　軽快なリズムの音楽に乗って踊るためには，教員も児童と共に踊り，心を開放して踊ることの楽しさを感じられるようにすることが大切です。振付けを正確に覚えることに固執するなどの雰囲気では，子供の心は解放されません。「楽しさ」「リズムに乗って弾んでいる姿」を大切に指導しましょう。

❷ 玉入れ

　低学年の児童は，玉入れ用のかごまで玉を投げること自体が困難なことが多く見られます。まずは高く投げられるように繰り返し，投げる練習を行いましょう。そして，ある程度投げられるようになってきたら，かごからどれくらい離れた位置から投げると入りやすいのかを確認していきましょう。

　玉入れ用のかごを毎回用意することが難しい場合は，バスケットゴールなどを活用し，投げ入れる練習を行うと1人の児童の投げる回数も多くなり，準備も簡単で授業で扱いやすくなります。

（首藤　祐太朗）

類 型 一斉対戦型　　**対 象** 小学校全学年

42 2段玉入れ

1 ▶ 流れとルール

❶　スタートは玉入れ用のかごの回りに円になり整列をする。

❷　1人2つの玉を持った状態で，ピストルの合図で玉入れを行う。

❸　2段の異なる高さの玉入れ用のかごに玉を入れる。

❹　高い方のかごに入った玉は1つ3点，低い方のかごに入った玉は1つ1点とし，多く得点することができたチームの勝ちとする。

場の設定図

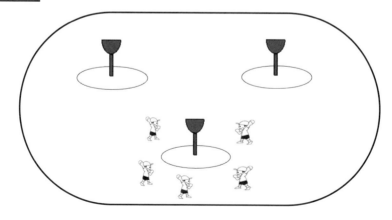

人数，所要時間：1チーム30人くらい（クラスの人数）で1競技3分×2回ほど
およその指導時間：5時間扱い
準備物：玉入れ用の玉，玉入れ用のかご

2 指導のポイント

❶ 〈単元前半〉玉を高く投げ入れる工夫

玉入れは，まず玉を高く投げ入れることができるようにすることが重要です。全員が高いかごに入れたいと思う気持ちを持っていると思います。そこで，はじめは子どもにたくさん玉を投げることを経験できる時間を十分に確保します。その後，なかなか入らないことを理解したタイミングで，教師は投げ方の指導をすると子供たちはよく話を聞いて練習をするようになります。具体的に指導をすることは，子供の指先を背中の方へ少しだけ引く状態から投げることで，肘を高くすることと，手首をムチのように使うことが分かるようにします。

上：肘を高くする
下：手首をムチのように

❷ 〈単元後半〉チーム（学級）としての得点を獲得するための工夫

個人の投げる技能がある程度高まってきたら，チームとしてどのように得点をとるのかを考えていきます。低・中学年の子供たちは教員と共に考え，子供が選択をした（気持ちになる）ことがとても大切です。教員もどうすれば，多く得点が取れるのかを子どもと真剣に考え，最終的には3つくらいの選択肢を示し，チームとしての方針を確認し，運動会本番をむかえられるようにするとよいでしょう。運動会後には自分たちの考えたことがどうだったかという指導をするとより成長につながります。

（首藤　祐太朗）

43 追い出し玉入れ

 1　流れとルール

❶　スタートは8人×2チームが，ブルーシートの端を持って座ります。
　　ブルーシートの上には30個程度の玉を入れておきます。
　　4人×2チームは，2つの玉をもって座ります。

❷　ピストルの合図で，ブルーシートを持っている人は上にある玉をできる
　だけ外に落とせるようにします。
　　玉を入れる人は，相手チームのブルーシートにできるだけ多く玉を入れ
　られるようにします。

❸　時間がたったときにピストルの合図で終了し，ブルーシートの上に玉が
　少ないチームが勝ちとします。

場の設定図

トラック内で
2〜4か所で同時に
レースを行う。

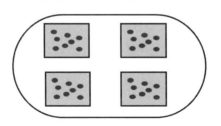

> 人数，所要時間：1チーム8人くらいで1競技3分×2回ほど
> およその指導時間：4時間扱い
> 準備物：ビブス，玉入れ用の玉，ブルーシート

2 ▶ 指導のポイント

❶ ブルーシートの上の玉を落とす工夫

ブルーシートの上にある玉を落とすには，ブルーシートを持っている人たちの意識の統一がとても大切になります。どのようにすると玉が落ちるのか，どのような声掛けをすると指示が通り，上手く落とすことにつながるのかということを考えていきます。子供たちは，まずやってみて，それを受けた計画を立て，試し，また振り返るといった学習を進めることで，チームに合った落とし方を見出していきます。上手くいかないチームには，ブルーシートをみんなでタイミングを合わせて上下してみよう，などとアドバイスするなど，教員が積極的に関わり，一緒に玉を落とす方法を考えていきましょう。

❷ 玉を投げ入れる工夫

相手のブルーシートの上に玉を入れる人の役割もとても大切になります。特に，投げ入れる技能よりも，どれだけ素早く動き，ブルーシートに入れることができるかが大切です。ブルーシートを持つチームが2チーム以上ある場合には，どこのブルーシートに玉を入れるかなどの作戦も考えられます。玉を投げ入れる人たちにも，意識の統一が勝敗を分けるポイントになって来ます。話し合いをする時間を確保し，役割に応じて玉を投げ入れることができるようになることが重要です。

（首藤　祐太朗）

44 追いかけ玉入れ

▶1 流れとルール

❶　１チーム15名程度の内，玉入れのかごを背負った人が５人程度と，その他の人は玉を２つ持って準備をし，２チームの対戦とする。

❷　ピストルの合図でスタートをする。玉入れのかごを背負った人は，玉を入れられないように逃げ回る。玉を入れる人はかごを追いかけ，玉を入れるようにする。

❸　かごに多く玉を入れることができたチームの勝ちとなる。

場の設定図

トラック内を
逃げてよい場所
とする。
□はかごを持つ人。

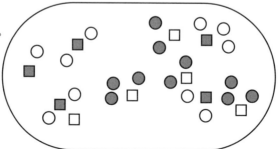

人数, 所要時間：１チーム15人くらい（内５人がかごを持つ）で１競技３分×２回ほど

およその指導時間：４時間扱い

準備物：玉入れ用の玉，かご（背負えるもの），ビブス

2　指導のポイント

❶　かごを背負っている人の逃げ方の工夫

　かごを背負っている人は，鬼遊びで学んだことを生かして逃げることができるようにしていきましょう。具体的に指導をすることは，相手がいない場所に移動したり，駆け込んだりすることや，速く走ったり，急に曲がったりすることです。

　時間内を走り続けるのは，体力的にもかなり厳しいので安全地帯となりそうなラインの近くに逃げたり，身体を回転させたりして，かごを動かすなどの工夫を指導することで苦手な児童も上手くかわすことができるようになります。

❷　追いかける人の少人数での連携の工夫

　かごを追いかけて，玉を入れる人は友達との連携がポイントになります。ラインをうまく使って，かごを持っている人をうまく追い込むことで多く玉を入れたり，友達が待ち構えているところへ，かごの人を追いかけて誘導したりするなどの工夫も見られます。

　走ることが苦手な児童は，かごを持って逃げる人がどこに逃げてくるのかをよく見て考え，上手く入れることができると，チームの勝敗に関わることができます。賢く追いかけることができるようにしていきましょう。

（首藤　祐太朗）

類　型

一斉対戦型

対　象

小学校

45 大玉送り

 流れとルール

❶　直径１m程度に膨らました大玉を使う。

❷　ゴールを決める。折り返して元のスタート位置に戻ってくる場合は，折り返し位置にコーンを立てる。

❸　スタート地点からゴールまたは折り返し地点までの人の列を２列になるように作る。

❹　スタートした後，大玉を列の上に乗せて落ちないように運ぶ。

❺　折り返す場合は，大玉を運ぶか転がして折り返し地点を通過させ，再度列に戻して大玉を送る。

❻　ゴールまで一直線の場合は，大玉が早くゴール地点を通ったチームの勝ち。折り返す場合は，大玉を早くスタート地点に戻したチームの勝ち。

場の設定図

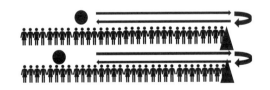

人数，所要時間：1チーム30人〜100人で1レース5分ほど

およその指導時間：2〜3時間扱い

準備物：大玉，カラーコーン，ビブス

2 ▶ 指導のポイント

大玉を効率よく運ぶためには，大玉を運んでいる最中に地面に落とさないことです。地面に落とすとタイムロスにつながるので，以下のポイントを指導の参考にしてみてください。

❶ 列の作り方を工夫し，列はまっすぐ大玉が通りやすいようにする

小学生だと身長差があるので，身長順の並び方で列を作るとよいでしょう。また，列が乱れていると大玉が落ちやすいです。カーブを作るときもきれいに整列させましょう。

❷ 腕を伸ばして気持ちを合わせて玉を送る

全員で腕を伸ばして運ぶことが大玉を落とさないポイントです。前後の人と声を掛け合って運びましょう。

❸ 列の間を空けすぎない

大玉を送るときに，列の間から大玉が落ちやすいです。隣との間隔は近くするようにしましょう。

❹ 指示役の人をつけてもよい

大玉を送る際に，横から付き添って声掛けをする指示役をつけてもよいでしょう。

（矢口　幸平）

46 大玉運び

 1　流れとルール

❶　ブルーシートの上に大玉をのせて，地面に置いた状態でスタートする。

❷　ゴールを決める。折り返して元のスタート位置に戻ってくる場合は，折り返し位置にコーンを立てる。

❸　スタート地点からゴールまたは折り返し地点までの人の列を2列になるように作る。その際に，ブルーシートの幅になるように列の間隔をとる。

❹　スタートした後，大玉がブルーシートから落ちないように運ぶ。

❺　折り返す場合は，折り返し地点を通過させ，再度列に戻して運ぶ。

❻　ゴールまで一直線の場合は，ブルーシートが早くゴール地点を通ったチームの勝ち。折り返す場合は，ブルーシートを早くスタート地点に戻したチームの勝ち。

場の設定図

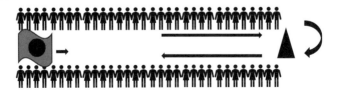

人数，所要時間：1チーム30人〜100人で1レース5分ほど

およその指導時間：2〜3時間扱い

準備物：大玉，ブルーシート5m×5m，カラーコーン，ビブス

2 指導のポイント

大玉運びも大玉送りと同様に，大玉を運んでいる最中に地面に落とさないことが効率よく運ぶためのポイントです。地面に落とすとタイムロスにつながります。また，ブルーシートと大玉のバランスを取りながら運ぶことが大切です。以下のポイントを指導の参考にしてみてください。

類型
一斉対戦型

❶ 列はまっすぐブルーシートが通りやすいようにする

列が乱れているとブルーシートが地面についてしまいます。バケツリレーのイメージで列をまっすぐにしましょう。

❷ ブルーシートを引っ張る力を調整する

ブルーシートを引っ張りすぎると反対側の人が落としてしまいます。引っ張らなくても，地面についてしまうので，うまくバランスを取りましょう。

対象
小学校

❸ ブルーシートを送る速さをそろえる

ブルーシートを送る速さが反対側とそろわないと，傾いてしまい大玉が落ちやすくなります。みんなで声を掛け合ってバランスを取りましょう。

（矢口　幸平）

類型 一斉対戦型　　対象 小学校全学年

47 大玉転がし

　流れとルール

❶ 直径１m程度に膨らました大玉を使う。

❷ 四角または円形の二重列になるように並び，大玉が転がる間隔を空ける。

❸ スタートした後，大玉が列の間を通るように転がして通す。

❹ 大玉が列の間を２周まわるように転がす。なお，２周目は終わった人から座っていくと分かりやすい。

❺ ２周してスタート地点まで戻ってきたら，四角または円の中央の台上に乗せてゴール。

 場の設定図

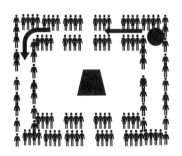

人数，所要時間：1チーム30人くらいで1レース5分ほど
およその指導時間：2〜3時間扱い
準備物：大玉，ポートボール台，ビブス

2 ▶ 指導のポイント

大玉送り，大玉運びと異なるポイントは，大玉の速さが出ることです。速さが出すぎて列から出ないように注意しましょう。以下のポイントを指導の参考にしてみてください。

❶ 列の作り方を工夫する

列の形が四角だと，頂点にいる人がボールの勢いを受け止めます。円形の場合は，遠心力により外側の円の人がボールの勢いを受け止めます。力のある児童をどこに配置するかが重要です。

❷ ボールの動きに集中する

大玉がまっすぐ転がるように，大玉の動きに集中して転がし方を工夫しましょう。

❸ 列の間を空けすぎない

列の間から大玉が出ないように，隣との間隔が空きすぎないように均等に並びましょう。

❹ 台乗せは最後まで気を抜かない

最後に台に乗せた後に，台から落ちないように支え続けましょう。この場所の人選も重要です。

（矢口　幸平）

48 バブルボール転がし

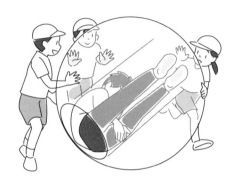

 1 流れとルール

❶ バブルボールに教員が入って大玉の代わりに使う。

❷ スタート地点から中継地点まで2列になるように作る。

❸ スタートした後，バブルボールが列の間を通るように転がして通す。その際，中の人がなるべく横向きに転がるようにする。

❹ バブルボールが折り返し地点まで来たら，中の人が出てきてゴールに向かう。早くゴールしたチームの勝ち。

場の設定図

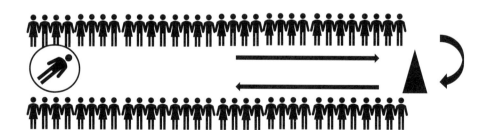

人数，所要時間：1チーム30人くらいで1レース5分ほど
およその指導時間：2～3時間扱い
準備物：バブルボール，ゴールテープ

2 ▶ 指導のポイント

大玉の代わりに，バブルボールを使います。中に担任の教員が入るとより
盛り上がるでしょう。以下のポイントを指導の参考にしてみてください。

❶ 列の間を空けすぎない

バブルボールに人が入ると，大玉よりもかなり重くなります。隣の人との
間隔をなるべく狭くして，多くの人数で転がるようにしましょう。転がす距
離が短い方が，教員（中の人）の負担も減ります。

❷ 速すぎず遅すぎず優しく転がす

大玉を早く転がしすぎると，確実に教員（中の人）の目が回ります。最後
にゴールする前に負けてしまわないように，優しく転がしてあげましょう。

❸ 最後までみんなで力を合わせて

転がし終わった後は，教員（中の人）は確実に目が回っています。教員
（中の人）がバブルボールから出るときには，周りの子供が手を貸してあげ
ましょう。最後の子供がゴールまで付き添ってあげてもよいかもしれません。
くれぐれも，無理のない範囲で行いましょう。

（矢口　幸平）

類　型

一斉対戦型

対　象

小学校

49 華のステージ

 1 流れとルール

❶ 中央にステージを作り，周りにマットを置いて倒れても安全な場を作る。

❷ マットの外側に台を置き，そこから中央のステージに1人ずつ乗り込んでいく。

❸ 審判の合図で1人ずつ乗り込んでいき，10秒間キープしたら次の人が乗り込む合図を審判が出す。

❹ 一番多くの人数が乗れたチームの勝ち。

場の設定図

> 人数，所要時間：1チーム30人くらいで1競技10分ほど
>
> およその指導時間：2〜3時間扱い
>
> 準備物：ステージ（3〜5m×3〜5m程度の広さ，高さ30cm程度〔木箱のようなもの
> を組み合わせるか，シートやマットを重ねて代用も可〕※ステージの広さは人数
> に応じて調整する），マット，台

2 ▶ 指導のポイント

類型 一斉対戦型

できるだけ多くの児童が乗り込むためには，ステージの上でどれだけバランスよく立っていられるかが大切です。ステージの上で立ち姿勢のバランスが崩れないように，以下のポイントを指導の参考にしてみてください。

❶ ステージに乗り込む順番を工夫する

ステージの中央に体の大きい人を配置することで，たくさん人が乗りこんだ終盤においてバランスがよくなります。ステージの端には，小柄でバランス感覚のある児童を配置するとよいでしょう。

対象 小学校

❷ ステージ上での姿勢を意識する

ステージ上では，できるだけたくさんの人が乗れるように，足を広げずに細長く立つイメージで乗り込みましょう。両手を上にあげると腕の分のスペースが使えます。ステージの内側を向くと後ろに倒れてしまうので，外側を向いて隣の人と腕を組むようにするとよいでしょう。

❸ 最後までみんなで力を合わせて

どこのバランスが悪いのか，みんなで声を掛け合って乗り込んでいきましょう。また，声を出すことで力が出やすくなりますが，指示を出す声が聞こえるように気を付けましょう。

（矢口 幸平）

50 無人島脱出ゲーム

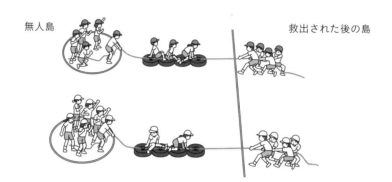

無人島　　　　　　　　　　　　　　　　　　　救出された後の島

 1　流れとルール

❶　無人島に見立てたエリアと，救出された後の島に見立てた2つのエリア
を用意する。

❷　ピストルの合図でスタートをする。無人島のエリアからひもでつないだ
タイヤに人が乗り，全員が救出された後の島に見立てたエリアに脱出する
ことができるようにする。

❸　速く脱出をできたチームの勝ちとなる。

場の設定図

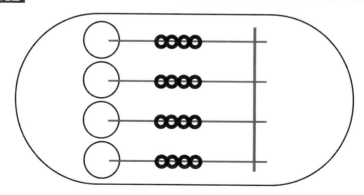

人数，所要時間：1チーム10人くらいで1競技10分ほど

およその指導時間：4時間扱い

準備物：1チームタイヤ4つ，ひも，ビブス

2 指導のポイント

❶ チームでどのように救出するかといった作戦の工夫

この運動は，チームによる作戦により勝敗を分けるゲームとなります。実際に工夫していくことは，誰が先に脱出するのかという順番を考えることや，一遍に何人をタイヤに乗せて移動をするかをチームごとに考えていきます。

話合いに終始するのではなく，考えて，試すことを繰り返し行うことで，自分たちのチームに合った作戦を選ぶことを学ぶことができます。

類型 一斉対戦型

❷ 引っ張るために，どのような体の使い方をすればよいのかを学ぶ

重いものを引くという動きは，子供たちにとって大切な動きと言えます。学習指導要領では，体つくり運動領域の中に例示として，人を運ぶ，支えるなどの動きで構成される運動として示されています。日常において，子供たちは重たいものを運んだり，目いっぱいに力を入れたりする経験をすることが少なくなってきていると言えます。この運動では，力強く動くことを安全に学ぶことができます。一人一人の子供たちに，腰を入れて引くことや，足を使って重いものを引く，友達と力を合わせて引くなどの動きを丁寧に指導していくことが必要となります。

対象 小学校

（首藤　祐太朗）

〈参考文献一覧〉

【第1章】
・吉見俊哉ほか『運動会と日本近代』青弓社，pp.86-98，1999
・神谷拓ほか『運動会指導の原理と実践』大修館書店，2022
・文部省『学習指導要領一般編（試案）』日本書籍，1947
・文部省『小学校学習指導要領（昭和33年改訂）』帝国地方行政学会，1958
・文部省『中学校学習指導要領（昭和33年改訂）』明治図書，1958
・文部科学省『小学校学習指導要領（平成29年告示）解説　特別活動編（平成29年7月）』東洋館出版，2018
・学校体育編集部『「学校体育」臨時増刊　魅力的な運動会種目集』日本体育社，1988
・文部科学省「令和3年度　学校規模の適正化及び少子化に対応した学校教育の充実策に関する実態調査について」，2021
・松原剛ほか『運動会を創る』晩成書房，pp.46-51，1983

【第2章】
・文部科学省『小学校学習指導要領（平成29年告示）解説　体育編（平成29年7月）』東洋館出版，2018
・文部科学省『中学校学習指導要領（平成29年告示）解説　保健体育編（平成29年7月）』東山書房，2018
・「楽しい体育の授業」編集部『スキルとネタが全部わかる！運動会指導大百科』明治図書，2023
・相川充弘『小学校運動会団体種目ベスト50』民衆社，2004
・高橋健夫ほか『「体育科教育」別冊⑯　Vol.45　No.13　運動会をつくる』大修館書店，1997
・公益社団法人 日本綱引連盟 ホームページ

おわりに

　本書を通じて，現代の運動会のあり方を再考し，新しい時代に適応するための具体的な提案を行いました。新型コロナウイルス感染症の流行を始めとする環境の変化は，私たちに運動会の伝統的な形式を見直す機会を与えています。短時間で効果的に開催する方法，さまざまな学校規模に応じた団体競技種目の選定は，これからの学校行事のあり方を示すモデルとなり得ます。

　本書では，運動会の成功の鍵となる要素を，実践的な観点から提案しました。児童生徒たちの安全を最優先に考えつつ，彼らが楽しめるとともに，学びや成長の機会を提供する種目の選定には特に重点を置きました。また，小規模校から大規模校まで，それぞれの学校規模に応じたプログラム構築のための所要時間の重要性も強調しました。

　私たちは，学校現場において，改めて運動会を児童生徒たちの人間形成の場としても捉える必要があります。ここには，協力し合い，お互いを尊重し，共に成長する価値が存在します。本書が提案する団体競技種目は，そのような価値観を具現化するものです。

　最後に，本書が学校現場の先生方や関係者の皆様にとって，運動会を計画し，実施する際の有益なガイドとなり，児童生徒たちにとって忘れられない，意義深い体験を提供する手助けになれば幸いです。

　本書を作成するにあたり，埼玉県内の指導主事，小学校・中学校教諭，埼玉大学教育学部附属小学校・中学校教諭の皆様に執筆をお願いしました。アフターコロナの状況下，新時代の運動会開催を肌で感じている皆様に，大変御多用の中，御執筆いただきました。また，明治図書出版の木村悠氏の御支援なくしては，本書の出版は実現しませんでした。関係する皆様に改めて感謝申し上げます。ありがとうございました。

2024年6月

森田　哲史

【編著者紹介】

森田　哲史（もりた　さとし）

埼玉大学学術院　准教授

さいたま市立小学校，埼玉大学教育学部附属小学校の教諭，
副校長，教頭を経て，2024年より現職。体育授業研究会理事。

【執筆者一覧】（五十音順）

浅間　聖也	埼玉大学教育学部附属小学校
阿部　健作	埼玉大学教育学部附属中学校
石坂晋之介	上尾市立上平北小学校
亀山　友宏	行田市立東小学校
兒玉　直也	埼玉県教育局県立学校部保健体育課
佐藤　彩弥	所沢市立小手指中学校
首藤祐太朗	埼玉大学教育学部附属小学校
鈴木　文彬	戸田市立新曽中学校
鈴木　陽介	熊谷市立富士見中学校
中嶋圭一郎	三郷市教育委員会
中村　優希	さいたま市立植竹中学校
長谷部佑太	さいたま市立沼影小学校
森田　哲史	埼玉大学教育学部　身体文化講座
矢口　幸平	埼玉大学教育学部附属小学校
山田　大生	埼玉大学教育学部附属中学校

運動会・体育祭の団体競技種目
テッパン&アレンジ百科　指導計画実例付き

2024年7月初版第1刷刊　ⓒ編著者　森　　田　　哲　　史
　　　　　　　　　　　発行者　藤　　原　　光　　政
　　　　　　　　　　　発行所　明治図書出版株式会社
　　　　　　　　　　　　　　　http://www.meijitosho.co.jp
　　　　　　　　　　　（企画）木村　悠（校正）染谷和佳古
　　　　　　　　　　　〒114-0023　東京都北区滝野川7-46-1
　　　　　　　　　　　振替00160-5-151318　電話03(5907)6703
　　　　　　　　　　　ご注文窓口　電話03(5907)6668

＊検印省略　　　　　　組版所　藤　原　印　刷　株　式　会　社